Udo Haeske

Team- und Konflikt- management

Teams erfolgreich leiten
Konflikte konstruktiv lösen

POCKET BUSINESS

Der Autor

Dipl.-Psych. Udo Haeske ist Inhaber des Beratungs- und Trainingsinstituts embeco Development® in Bielefeld. Seit 1995 ist er als Trainer selbstständig und hat u.a. renommierte Zertifikate für Gruppendynamik und NLP erworben.

Die Deutsche Bibliothek – CIP-Einheitsaufnahme
Ein Titeldatensatz für diese Publikation ist
bei Der Deutschen Bibliothek erhältlich.

Verlagsredaktion: Erich Schmidt-Dransfeld
Grafik und technische Umsetzung: Holger Stoldt, Düsseldorf
Umschlaggestaltung: Katrin Nehm
Titelfoto: © Jerry Millevoi / Mauritus

 www.cornelsen-berufskompetenz.de

1. Auflage   Druck 5 4 3 2   Jahr 06 05 04 03

© 2002 Cornelsen Verlag, Berlin

Druck: Lengericher Handelsdruckerei

ISBN 3-589-21911-4

Bestellnummer 219114

 Gedruckt auf säurefreiem Papier, umweltschonend hergestellt aus chlorfrei gebleichten Faserstoffen.

Inhaltsverzeichnis

Literaturhinweise

Die Zusammenstellung nennt Literatur, auf die im vorliegenden Buch Bezug genommen oder die bei Interesse zur vertiefenden Lektüre empfohlen wird. Titel aus der Reihe Pocket Business sind hier nicht mit aufgeführt, dazu finden Sie Informationen auf der Umschlaginnenseite hinten.

Teammanagement
Francis, D. & Young, D. (2001)5. A: Mehr Erfolg im Team. Trainingsprogramm. Windmühle

Kommunikation
Cole, C. (2001)3.A: Kommunikation klipp und klar. Beltz
Fengler, J. (1998): Feedback geben. Beltz

Sozialpsychologie von Gruppen
Sbandi, P. (1973): Gruppenpsychologie. Pfeiffer.
Stroebe, Jonas, Hewstone (2002) 4. A: Sozialpsychologie. Springer

Themenzentrierte Interaktion (TZI)
Cohn, R. (2000): Von der Psychoanalyse zur themenzentrierten Interaktion. Klett-Cotta
Langmaack, B. & Braune-Krickau, M. (2000) 7.A.: Wie die Gruppe laufen lernt. Beltz.

Konfliktmanagement
Glasl, F. (2002)8.A: Konfliktmanagement. Haupt
Berkel, K. (2002)7. A: Konflikttraining. Sauer
Klein, H.-M. (2002): Konflikte am Arbeitsplatz. Cornelsen

Verhandlung
Fisher, Ury, Patton (2000)21. A: Das Harvard-Konzept. Campus.
Ruede-Wissmann, W. (2002). Satanische Verhandlungskunst und wie man sich dagegen wehrt. Wirtschaftsverlag Heyne.
Herzlieb, H.-J. (2000): Erfolgreich verhandeln und argumentieren. Cornelsen

Führung von Mitarbeitern
Kießling-Sonntag, J. (2000). Mitarbeitergespräche. Cornelsen
Oppermann-Weber, U. (2001). Handbuch Führungspraxis. Cornelsen
Ulrich, F. (2001): Cheffing – Führen von unten. Cornelsen

Einführung

Teammanagement und Konfliktmanagement sind Themen, die in zahlreichen Arbeitsbereichen eine große Rolle spielen. Für Gruppenleiter/innen, z.B. in der Bildung, oder für Projektleiter liegt dies unmittelbar auf der Hand, aber im Arbeitsleben betreffen sie jede Führungskraft. Das hängt einfach damit zusammen, dass Teams auf Dauer nicht konfliktfrei funktionieren. Reibungen gehören zum Leben, auch zum Arbeitsleben. An sich ist das kein Problem, denn konfliktreiche Phasen lassen sich meistern und gelingt dies gut, dann verbessert die überwundene Herausforderung oft sogar das Klima.

Dies geschieht in einigen glücklichen Fällen ganz von selbst. Ihre Erfahrungen zeigen sicher, dass das nicht immer oder meistens nicht zutrifft und Sie werden dieses Pocket Business zur Hand genommen haben, weil Sie Ihre Teamarbeit verbessern möchten und sich nicht wie manche Teamleiter blind, taub und stumm in der Hoffnung stellen wollen, dass sich die Dinge mit der Zeit regeln. Das klappt nur ausnahmsweise und es ist eindeutig eine Führungsaufgabe, Konflikte zu lösen, Arbeitsgruppen zu Teams zu machen und diese zu optimaler Leistung zu führen; nicht nur aus Verantwortung dem Unternehmen gegenüber, sondern auch gegenüber den Mitarbeitern.

In diesem Buch stelle ich Ihnen Werkzeuge vor, die Sie nutzen können, um dynamische Prozesse in Teams besser zu verstehen, Konflikte zu bearbeiten und viele Konflikte zu vermeiden. Dabei handelt es sich um Modelle und vereinfachende Beschreibungen. Ziel ist es, Ihnen Ihre Arbeit zu erleichtern. Bedenken Sie aber, dass es sich um Modelle handelt. Modelle sind nicht die Wirklichkeit, sondern nur nützliche Konstrukte.

Nutzen Sie die Konstrukte für sich, denn sie kommen aus der Praxis und haben sich vielfach bewährt. Ich habe auf unnötige Theorie zugunsten praktischer Anregungen, Fragebogen, Übungen und Checklisten verzichtet. Viel Spaß beim Entdecken und viel Erfolg bei der Anwendung!

1 Teams durchleuchten

Optimierung beginnt mit der Bestands- aufnahme von Strukturen und Rollen

1.1 Objektive Qualifikationen der Teammitglieder

Qualifikationsprofile kennen lernen

Auf den ersten Blick scheint es meist offensichtlich, was für ein Team man hat. Es braucht nur den Blick auf die leicht zugäng- lichen Fakten, wie das Alter der Personen, die Fachqualifika- tionen, die beruflichen Erfahrungen. Dieser Zugang liefert wichtige Informationen, mit denen man Folgendes abschätzen kann:

◆ Besitzen die Teammitglieder untereinander vergleichbare Qualifikationen?
◆ Ergänzen sie sich bezüglich ihrer Qualifikationen?
◆ Gibt es Unterschiede bezüglich der aufgabenrelevanten Er- fahrung?
◆ Wo haben die Teammitglieder bereits gearbeitet?
◆ Woran arbeiten die Teammitglieder derzeit, welche Pro- jekterfahrungen haben sie?
◆ Wie hat das Team an den anstehenden Aufgaben bisher ge- arbeitet?

Durch die Beantwortung dieser Fragen erhält man erste wich- tige Informationen, aus denen sich ein Bild der Qualifikationen des Teams formt.

Formelles und informelles Beziehungsnetzwerk

Mindestens genauso wichtig ist es zu wissen, wie das soziale Netz aussieht, wie sich das Verhältnis der einzelnen Personen zueinander darstellt. Dieses Netz besteht aus zwei Teilen: Das Organigramm gibt zum einen sofort die notwendige Infor- mation über Hierarchieverhältnisse und die Zuständigkeiten.

Das so entstehende Bild spiegelt aber nur einen Teil – den offiziellen – der Wirklichkeit wider. Das Organigramm bildet das formelle Beziehungsnetzwerk ab.

Als Teamleiter/in sollte man zum anderen aber auch schnell überschauen können, wie das informelle Beziehungsnetzwerk der Personen untereinander ist:

◆ Wer hat mit wem beruflich viel/wenig zu tun?
  Das ist eine Frage nach der im Organigramm schwerlich abgebildeten Intensität von Zusammenarbeit, aber auch nach den in Unternehmen und Institutionen überall existierenden informellen Strukturen.

◆ An wen richten sich die Teammitglieder, wenn Entscheidungen getroffen werden?
  Neben den offiziell einzubeziehenden Hierarchiestufen gibt es möglicherweise weitere Kontaktpartner, mit denen man sich berät und die Kompetenzen neben den offiziellen Strukturen entwickeln oder sogar durchsetzungsfähiger sind als diese.

◆ Wie sind die Redeanteile der einzelnen Personen?

◆ Wer unterhält sich mit wem? Über berufliche oder auch über private Themen?

◆ Wer geht mit wem gemeinsam zum Essen?

Die Liste der Fragen ist nicht erschöpfend. Die Fragen sind eher prototypisch und sie sollen zeigen, welche Aspekte – von beruflicher Verbindung der Teammitglieder untereinander bis zum privaten Umgang miteinander – relevant sind, wenn es darum geht, ein Bild des informellen Netzwerks zu erhalten.

Übung

Zeichnen Sie ein Netzwerk der Beziehungen Ihrer Teammitglieder zueinander.
1. Tragen Sie zunächst alle Personen innerhalb des Teams auf ein Blatt auf.
2. Kennzeichnen Sie durch verschiedene Linien, wer mit wem stärkere, schwächere, gar keine Kontakte hat.

3. Erweitern Sie das Bild gegebenenfalls um relevante Nicht-Teammitglieder, mit denen Personen aus dem Team zu tun haben. Beispielsweise in Projektteams, deren Mitglieder nur für die Projektdauer und/oder zeitanteilig im Projekt arbeiten, tragen die Projektmitglieder externen Einfluss ins Team hinein.
4. Versehen Sie die Linien mit Pfeilen, um zu dokumentieren, in welche Richtung die Kommunikation bevorzugt läuft.
5. Fügen Sie Symbole ein um zu dokumentieren, wo Ihrer Meinung nach Nähe, Distanz, Freundschaft, Spannung, … vorliegt.
6. Analysieren Sie das entstandene informelle Netzwerk, indem Sie es mit dem offiziellen Netzwerk in Beziehung setzen. Überprüfen Sie, welche Beziehungen Ihnen noch unklar sind, wo Sie noch Informationen benötigen.

Bisher haben wir verschiedene Sichtweisen auf das Team geworfen und folgende Aspekte des Teams erfassen können:

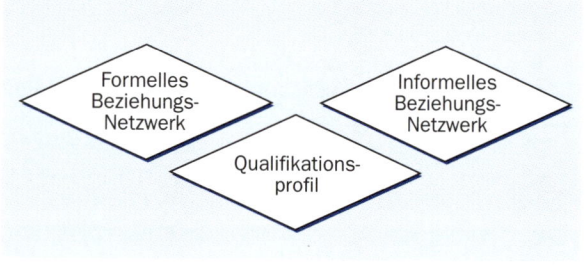

Das Profil des Teams

Es ist nicht nur für Führungskräfte von Teams hilfreich, sich einen Überblick über diese drei Aspekte des Teams zu verschaffen. Neu hinzukommende Teammitglieder können sich leichter integrieren, und Vorgesetzte geschickter im Team agieren, wenn sie die Informationen aus diesen drei Bereichen nutzen.

1.2   Teamrollen

Das Modell der Teamrollen

Der Blick auf die objektiven Qualifikationen der einzelnen Teammitglieder oder das offizielle Organigramm zeigt weder, wie das informelle Beziehungsnetz gewoben ist, noch wie erfolgreich ein Team zusammenarbeitet. Dies kann man schon daran erkennen, dass Teams mit ausgewiesenen Einzelstars in Sport und Beruf durchaus Teams unterliegen können, deren einzelne Mitglieder im Schnitt leistungsschwächer sind. Die viel beschworene Synergie ist es, die aus dem Team mehr macht als die Summe der einzelnen Mitglieder. Was aber ist es, was Synergie im Team ausmacht? Eine Möglichkeit, Synergie zu erklären, ist genauer zu untersuchen, welche Rollen einzelne Teammitglieder im Gesamtteam übernehmen. Erfolgreiche Teams zeichnen sich nämlich dadurch aus, dass jeder Einzelne seine Rolle gemäß seiner natürlichen Stärke übernimmt.
Nehmen wir ein Beispiel aus dem Fußball: Der kopfballstarke Sprinter spielt im Sturm. Der Trainer wird ihn kaum in die Spielposition des erfahrenen Abwehrspielers wechseln lassen.
(Zum besseren Verständnis: Was hier und im Folgenden an generellen Aussagen über das Funktionieren in Teams und von Teams gesagt wird, sind Erkenntnisse, die in der Psychologie wissenschaftlich belegt wurden. Diese werden an Beispielen z.B. aus dem Alltag oder dem Sport veranschaulicht, wo sie ebenfalls Erfolg versprechend genutzt werden – es werden jedoch nicht etwa Erkenntnisse oder gar Regeln aus den Beispielen abgeleitet!)

> Ein Geheimnis guter Teams liegt also darin, dass Aufgaben und Verantwortlichkeiten, die die einzelnen Mitglieder übernehmen, nicht nur ihrer Qualifikation, sondern auch ihrem Typ entsprechen.

Sie werden merken, dass die Rollenverteilung im Team auch Aufschluss über das informelle Beziehungsnetz gibt.

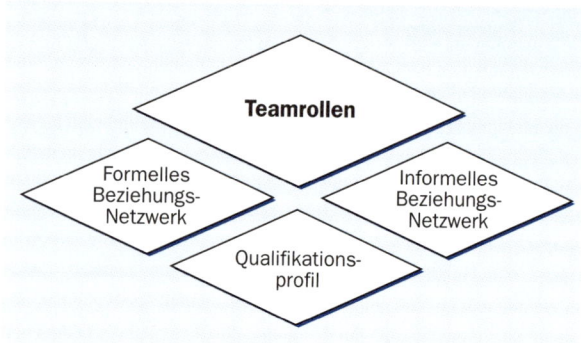

Unterschiedliche Sichten auf das Team

Ich schlage ein Modell vor, das vier unterscheidbare Rollen differenziert, die man in einem Team einnehmen kann:

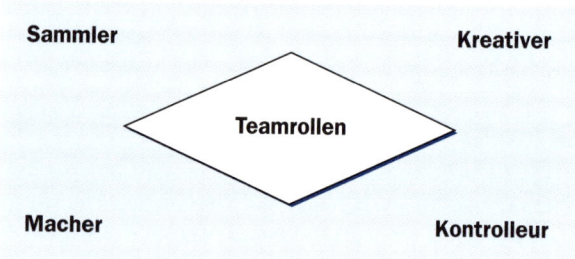

Modell von vier Teamrollen

Wenn Sie Ihre bisherigen Erfahrungen in Teams überdenken, werden Sie feststellen, dass jeder Mensch Präferenzen hat, die eine oder die andere dieser Rolle bevorzugt einzunehmen, andere hingegen selten oder so gut wie nie ausfüllt. Dabei kann es sein, dass jemand die bevorzugte Rolle je nach Team wechselt oder dass sich eine Persönlichkeitsdisposition durchzieht.

Sammler/in

Informationen, Informationsquellen, Fakten, Statistiken, Theorien, eigene Assoziationen, gesammelte und aufbereitete Erfahrungen sind die Welt des Sammlers. Er/sie will wissen, über welche Information man bereits verfügt und welche noch fehlt. Er/sie will wissen, wo schon etwas zum Thema erarbeitet wurde, wer Auskunft geben könnte, welche Quellen man anzapfen könnte. Und es bereitet ihm/ihr Freude, all das zu erkunden und zu sammeln.

Er/sie ist Versorger/in des Teams. Die Umsetzung der Informationen in die Praxis überlässt er/sie lieber anderen, genauso wie die Auswahl der relevanten Informationen oder das Aussortieren des Belanglosen.

Kreative/r

Der/die Kreative spinnt neue Ideen. Er/sie phantasiert und malt sich aus, was möglich wäre, was man prinzipiell tun könnte. Die Entwicklung neuer Szenarien, möglicher neuer Produkte oder alternativer Vorgehensweisen berauscht ihn/sie. Es fällt ihm/ihr leicht, erst einmal innerlich von den realen Beschränkungen Distanz zu nehmen. Er/sie nutzt das eigene träumerische Talent, Neues erst einmal zu entwickeln.

Er/sie ist der Ideenmotor des Teams. Die Umsetzung dieser Ideen ist nicht sein/ihr Ding. Auch die Auswahl und Festlegung auf realisierbare und nicht realisierbare Konzepte löst oft Unmut bei ihm/ihr aus.

Macher/in

Die Erstellung und Umsetzung von Plänen und Beschlüssen in die Realität sind die Welt des Machers. Er/sie handelt. Er/sie drängt auf Ergebnisse und Vereinbarungen. Wenn es getan werden muss, dann geht es nur darum zu entscheiden, was wie in welcher Reihenfolge von wem bis wann erledigt werden muss. Begonnen wird jedenfalls gleich, damit keine weitere Zeit mit Träumen oder zusätzlicher Informationssuche vertan wird.

Sein/ihr Realitätssinn sorgt für Ergebnisse im Team. Ideen

spinnen, Neues denken, Informationen suchen und abwägen, erzeugen bei ihm/ihr Stress, weil sie den Output verzögern.

Kontrolleur/in

Moment mal! Geht das wirklich? Wie genau? Das sind Reaktionen des Kontrolleurs, der Kontrolleurin. Fragen, in Frage stellen, hinterfragen, nachfragen. Er/sie prüft alles auf Herz und Nieren. Um seiner/ihrer kritischen und beurteilenden Haltung zu widerstehen, muss eine Meinung oder ein Vorschlag genauestens durchdacht sein. Erst wenn er/sie das Thema von allen Seiten beleuchtet hat, und auch die Details bedacht wurden, kann er/sie zufrieden sein. Seine/ihre Grundhaltung scheint erst einmal Kontra zu sein. Er/sie ist die kritische Instanz, die verhindert, dass voreilig oder unbedacht gehandelt wird.

Ideen entwickeln oder sie umsetzen wecken nicht seine/ihre Motivation. Schwächen erkennen, prüfen und kontrollieren, hingegen erfüllen ihn/sie.

Übung

Denken Sie an die Kolleginnen und Kollegen in Ihrem Team. Welche Rollen sind vertreten und wie gehen die Personen miteinander um?

Die Arbeit mit dem Modell der Teamrollen

Als Vorgesetzter kann man die Leistung des Teams steigern, wenn man Folgendes bedenkt:
1. Welche Rollen sind im Team vertreten?
2. Welche Stärken und Schwächen müssen bei den Teamrollen beachtet werden?
3. Welche Rolle ist in Bezug auf die aktuelle Aufgabenstellung besonders wichtig?

Im Folgenden wird im Einzelnen auf diese Fragen eingegangen.

1. Welche Rollen sind in Ihrem Team vertreten?

Als Sie die Beschreibung der Teamrollen gelesen haben, erkannten Sie vielleicht schon den ein oder anderen Menschen aus dem Kollegen- oder Mitarbeiterkreis wieder.

Wenngleich das vorgestellte Modell der Teamrollen davon ausgeht, dass jeder Mensch alle Rollen flexibel einnehmen kann, liegen jedem bestimmte Rollen mehr als andere. Es ist also durchaus so, dass man in bestehenden Teams Personen identifizieren kann, die relativ konstant eine Rolle bevorzugen. Dies zeigt sich dann in Besprechungen, Projekten, in der Wahl der zu verteilenden Aufgaben, wann die Motivation hoch oder niedrig ist, etc.

Eine Diagnose der Rollenverteilung des eigenen Teams kann sehr aufschlussreich sein. Leistungsschwächen haben nämlich oft weniger mit Qualifikationsdefiziten zu tun und mehr damit, dass die erforderliche Qualität, die in einer bestimmten Phase des Arbeitsprozesses gefordert ist (siehe Frage 3), fehlt.

Übung

Nehmen Sie sich zunächst Zeit, über die einzelnen Personen Ihres Teams nachzudenken. Versuchen Sie anschließend in der Summe zu einer eher ganzheitlichen Einschätzung über das Team zu kommen.

Zeichnen Sie in das auf der folgenden Seite abgedruckte Diagramm ein, wie stark jede Rolle relativ zu anderen in Ihrem Team vertreten ist.
- Wo liegen die Stärken und woran werden sie in der praktischen Arbeit erkennbar?
- Wo liegen die Schwächen und woran werden sie in der praktischen Arbeit erkennbar? Was unternehmen Sie um die Schwäche auszugleichen?
- Fällt es schwer, das Team einzuordnen? Vielleicht ist das ein Hinweis darauf, dass Sie die Teammitglieder genauer kennen lernen sollten.

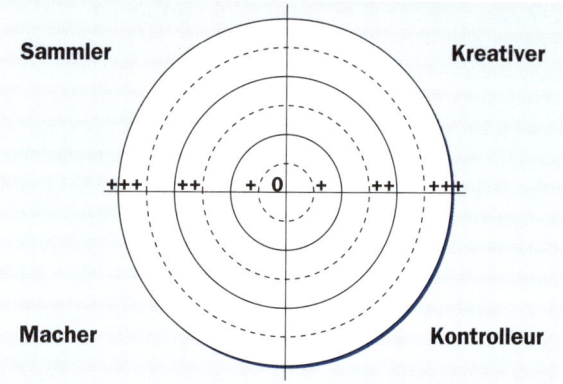

Teamprofil

2. Welche Stärken und Schwächen müssen bei den Teamrollen beachtet werden?

Da jede Teamrolle Stärken und Schwächen hat, ist keine besser oder schlechter als die andere. Entscheidender ist, dass man sich über die Stärken und Schwächen der jeweiligen Rolle bewusst ist. Es kommt darauf an, sie zu erkennen und in Bezug auf die zu bewältigende Arbeit zu bedenken, welcher Mitarbeiter für bestimmte Aufgaben besser geeignet ist, welche Unterstützung er wahrscheinlich benötigen wird, welche kritischen Situationen bei der Aufgabenbearbeitung wahrscheinlich zu erwarten sind.

3. Welche Rolle ist in Bezug auf die Aufgabenstellung besonders wichtig?

Bei der Bearbeitung einer Aufgabe oder einer Problemstellung gibt es in der Regel unterschiedliche Phasen, in denen jeweils andere Qualitäten des Teams gefordert werden.

Phasen des Arbeitsprozesses	Geeignete Rolle
Problem wahrnehmen	Rollenunabhängig
Aufgabe oder Problem analysieren und beschreiben	– Sammler – Kontrolleur
Altnernativen entwickeln	– Kreativer
Optimale Alternative auswählen	– Kontrolleur
Aufgaben planen und verteilen	– Macher
Ausführung	Rollenunabhängig
Erfolgskontrolle	– Kontrolleur – Sammler

Rollen und Arbeitsphasen

Wenn es darum geht, Probleme wahrzunehmen, oder Aufgaben auszuführen, zeigt keine Teamrolle besondere Vorzüge. In anderen Phasen trägt es zum Erreichen eines optimalen Ergebnisses bei, wenn die Stärken der einzelnen Teamrollen genutzt werden.

1.3 Das ideale Team zusammenstellen

Auch wenn es naheliegend erscheint: Bezogen auf die Idealkombination der Teamrollen kann man nicht sagen, dass eine Gleichverteilung der Rollen im Team notwendig, sinnvoll oder realistisch ist. Das wird leicht verständlich, wenn man die Rahmenbedingungen beachtet, unter denen ein Team arbeitet.

Persönliche Hintergründe

Ausbildungen, Berufswege, Erfahrungsfelder sind sehr unterschiedlich. Einige Mitarbeiter waren vielleicht immer gefordert kreativ zu sein, andere wurden stärker gefordert zu handeln und Pläne umzusetzen. Das Berufsbild eines Controllers ist zum Beispiel typischerweise durch eine kontrollierende und steuernde Grundhaltung geprägt. Solche persönlichen Hintergründe prägen. Bei Teams aus Mitgliedern mit homogenem Hintergrund kann es also durchaus ein einseitiges Gesamtprofil der präferierten Rollen geben. Solche Rollendefizite lassen sich oft leichter durch entsprechende Trainings oder durch einen Zukauf von Beratungswissen ausgleichen, ohne dass man die Zusammensetzung des Teams verändert.

Teamgröße

In kleineren Teams ist man von vorneherein gezwungen, flexibel in unterschiedliche Rollen zu schlüpfen. Die Frage, wie welche Rollen besetzt werden können ergibt sich gar nicht erst, weil zu wenige Personen verfügbar sind, oder weil von vornherein feststeht, wer dabei sein muss.

Arbeitsaufgabe

Manche Arbeitsaufgabe ist von ihrer Struktur her so beschaffen, dass sie sich beispielsweise an Kontrolleure oder Sammler richtet. Ein schlagkräftiges Team kann also durchaus ganz homogen besetzt sein, wenn die Arbeit sich nur auf das Ausführen einer bestimmten Tätigkeit bezieht, in der andere Rollen nicht gefordert sind. Die Durchführung von Routineaufgaben beispielsweise erfordert in der Regel Macher-Qualitäten. Sammler- oder Kreativkomponenten wären dabei eher hinderlich.

Unternehmenskultur

Die Unternehmenskultur bestimmt auch, was machbar ist und toleriert wird. So mag es für ein Team notwendig sein, starke kreative Impulse zu bekommen, um innovative Ideen zu entwickeln, aber im Team fehlt diese Komponente. In mancher konservativen Unternehmenskultur würde ein stark kreativer Typ, der diese Funktion ausfüllt, jedoch nicht gedeihen. In einem solchen Fall ist der kurzfristige Einkauf von externem Wissen sicher sinnvoller als die Komplettierung des Teams durch einen Kreativen.

1.4 Die Aufgaben des Teamleiters

Für den Teamleiter geben sich mit Blick auf die Teamrollen einige konkrete Aufgaben, mit denen er den Gesamterfolg steuern kann.

Rollenvielfalt im Team

Grundsätzlich ist es sinnvoll, ein Team so zusammenzustellen oder es dahin zu entwickeln, dass in Bezug auf die Rollen Vielfalt herrscht. Einschränkungen wurden im vorangegangenen Abschnitt gemacht. Als Grundregel Vielfalt anzustreben ist aber deshalb von Vorteil, weil dies sicherstellt, dass sowohl eine breite Informationsbasis, Ideenvielfalt, kritische Reflexion und ergebnisorientiertes Arbeiten angestrebt werden.

Aufgabenbezogene Teamsteuerung

Eine aufgabenbezogene Teamsteuerung geht davon aus, dass es je nach Aufgabe und je nach Phase der Aufgabenbearbeitung wichtiger ist, Sammler, Kreativer, Macher oder Kontrolleur zu sein. Wer als Teamleiter erkennt, was die momentane Situation erfordert, der kann die entsprechenden Personen fordern und andere zurückhalten.

Flexibilität in der eigenen Rolle

Guten Teamleitern wird nachgesagt, dass eine ihrer Qualitäten darin liegt, flexibel in Bezug auf die eigene Rolle im Team zu agieren.

Konkret bedeutet das, dass der/die Teamleiter/in erkennt, wenn Informationsdefizite vorliegen, die Ideenbasis zu schwach ist, mit der Umsetzung gehadert wird oder zu unkritisch gedacht wird. Entsprechend handelt er/sie selber aus der Rolle, die im Team zu schwach besetzt wird.

Gegenseitige Toleranz der Teammitglieder fördern

Spannungen und Konflikte entstehen in Teams oft, weil die persönlichen Eigenheiten anderer Mitglieder als Schwächen und Defizite gedeutet werden. Die Idee der Teamrollen bietet eine andere Grundhaltung an: Persönliche Unterschiede können als Qualitäten und Stärken genutzt werden, wenn man gegenüber dem Stil des anderen Toleranz aufbringt. Das ist eine Tugend, die der Vorsetzte vorleben und fördern kann.

Welche Rollen sind bei Ihnen am stärksten ausgeprägt? –Test zum persönlichen Rollenprofil

Sie haben jetzt die Chance, Ihr persönliches Rollenprofil genauer kennen zu lernen. Füllen Sie einfach den nebenstehenden Test aus und werten Sie ihn aus.

Vorgehen:

Geben Sie bei den aufgeführten Aussagen jeweils den Grad Ihrer Zustimmung an.

Vergeben Sie
eine 0 wenn Sie der Aussage überhaupt nicht zustimmen,
eine 1 für eine schwache Zustimmung,
eine 2 für mittlere Zustimmung und
eine 3 für starke Zustimmung.

1. Ich informiere mich gerne vielseitig, frage unterschiedliche Personen, recherchiere, habe meine eigene „Bibliothek" und Datenbank.

2. Ich schätze es, eine breite Informationsbasis zu haben und lese lieber noch zusätzlich etwas nach, bevor ich mich entscheide.

3. Ich liebe und sammle Übersichten, Zusammenfassungen und Charts.

4. Ich sammle Informationen, auch wenn ich sie vielleicht irgendwann erst benötige.

5. Ich trenne mich schwer von Papieren.

6. Routinen fallen mir schwer.

7. Ich habe ständig Ideen, und mache mir auch Gedanken, was man anders machen könnte.

8. Ich liebe es, mich über Projekte und neue Produkte auszutauschen.

9. Ich langweile mich schnell, wenn es an die Umsetzung und Verfolgung von Plänen geht.

10. Man beneidet mich oft wegen meiner außergewöhnlichen Einfälle.

11. Es gelingt mir gut, Prioritäten zu setzen und Pläne zu machen.

12. Ich verfolge eine angefangene Arbeit in der Regel bis zum Ende.

13. Ich halte mich selten mit Ideen auf, die nicht sofort umsetzbar sind.

14. Ich habe Organisationstalent.

15. Ich bin Realist und orientiere mich am Machbaren.

16. Ich erkenne relativ schnell, wo Schwachpunkte einer Idee sind.

17. Ich bin sehr genau und hinterfrage oft das Wie, Warum, Wer, Wo und Was einer Sache.

18. Mir fallen häufiger Details auf, die andere übersehen.

19. Kontrolle und Überprüfung bereiten mir Freude.

20. Ich halte mich eher an Bewährtes als voreilig etwas Neues auszuprobieren.

Auswertung

Zählen Sie die Punkte zusammen und übertragen Sie Ihr Profil

Summe Frage 1-5	**Sammler**	0					5					10				15
Summe Frage 6-10	**Kreativer**	0					5					10				15
Summe Frage 11-15	**Macher**	0					5					10				15
Summe Frage 16-20	**Kontrolleur**	0					5					10				15

Typische Konflikte zwischen den Rollen

Sammler ⟷ Macher
Sammler und Macher geraten in Konflikt, weil der Macher schon längst aktiv werden will, während der Sammler noch nicht genug Sicherheit hat. Dem Macher geht es zu langsam, er befürchtet, dass unnötige Zeit vertrödelt wird, während es dem Sammler zu schnell geht. Er befürchtet, dass voreilig gehandelt wird und man es später bereut.

Kreativer ⟷ Macher
Kreativer und Macher geraten in Konflikt, weil der Macher Ideen umsetzen will, während der Kreative Ideen produzieren möchte. Dem Kreativen wird es langweilig, wenn man sich auf eine Idee festlegen und diese dann beharrlich verwirklicht werden soll. Der Macher neigt hingegen dazu, den Kreativen für einen Träumer zu halten.

Kreativer ⟷ Kontrolleur
Kreativer und Kontrolleur geraten in Konflikt, weil der Kontrolleur die Ideen des Kreativen wie Ballons zerplatzen lässt, noch bevor sie richtig Gestalt annehmen können. Der Kontrolleur handelt so, weil ihm die Entwürfe des Kreativen schon

nach kurzem Nachdenken und Nachfragen völlig unrealistisch erscheinen. Dem Kreativen hingegen erscheint das Verhalten des Kontrolleurs spitzfindig und destruktiv.

Macher ⟷ Kontrolleur
Macher und Kontrolleur geraten in Konflikt, weil der Kontrolleur durch sein Prüfen, Nachfragen, Vergleichen auf Sicherheit und Einhaltung von Regeln drängt. Dem Macher, der im Handeln das Erreichbare an den realen Gegebenheiten misst und sein Verhalten an den Umweltbedingungen, erscheinen die Forderungen des Kontrolleurs weltfremd, kleinlich und wie behindernde Schikane.

1.5 Balance der Teamfaktoren im Teamdreieck

Erweitern wir nun für die weitere Analyse der Teamsituation den Blickwinkel von der bisherigen Betrachtung der Individuen (d.h. der Rolle des Teamleiters und den Rollen der einzelnen Teammitglieder) auf das Team als Gruppe. Besonders Erfolg versprechend und weit verbreitet ist es, sich dazu des psychologischen Methodenkonzepts der themenzentrierten Interaktion (TZI) zu bedienen. Auf der folgenden Doppelseite wird ein für die Belange dieses Kapitels wesentlicher Auszug aus diesem Methodenkonzept vorgestellt und anschließend im vorliegenden Abschnitt auf die Analyse der Teamsituation angewandt.
Der Teamleiter hat grundsätzlich die Aufgabe, seine Führungsfunktion so auszufüllen, dass die Mitarbeiter ihre arbeitsbezogenen Potenziale optimal entfalten können. Sind die Rahmenbedingungen dazu gegeben und gelingt dies der Führungskraft, dann wird die Gruppe zweifellos zum Team und optimale Leistungen werden die Folge sein. Was dabei angestrebt ist, ist ein dynamisches Gleichgewicht jener Faktoren, die eine Gruppe prägen. Für diese Faktoren bietet die themenzentrierte Interaktion nach Ruth Cohn das bereits als sog. TZI-Dreieck bekannt gewordene Modell.

Das TZI-Dreieck

In der TZI hat Ruth Cohn vier Faktoren beschrieben, die in einer Gruppe in einem dynamischen Gleichgewicht sein sollten. Dieses dynamische Gleichgewicht
- ist die Voraussetzung für eine hohe Leistungsfähigkeit der Gruppe und
- die Arbeit daran ist ein fortwährender Prozess, wobei jeweils unterschiedliche Faktoren höhere Aufmerksamkeit verlangen, um die Balance zu erhalten.

Die Faktoren sind:
- das Ich, womit hier jedes einzelne Teammitglied gemeint ist,
- das Wir, womit das Team als ganzes gemeint ist,
- das Es, womit die Aufgabe des Teams gemeint ist und
- die Umwelt, womit der Bezug des Teams zum umgebenden Organisationssystem im sozialen und historische Kontext gemeint ist.

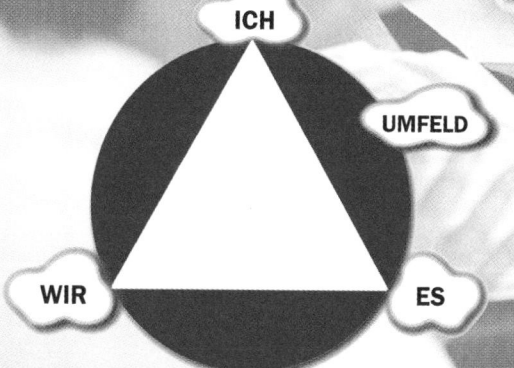

Das TZI-Dreieck im Team

Vorteil des Modells

Das Modell reduziert das Team überschaubar auf drei wesentliche Aspekte plus den Faktor Umfeld. Damit wird die komplexe Dynamik einer Gruppe vereinfacht und anschaulich darstellbar. Zahlreiche Situationen in Teams lassen sich so schnell verstehen und durch eine gezielte Einflussnahme erfolgreich steuern.

Man kann oft beobachten, dass die einseitige Betonung eines Faktors kurzfristig problemlos sein kann, mittel- und langfristig jedoch zu erheblichen Spannungen führt.
Einige Beispiele sollen das verdeutlichen:
◆ Die individuellen Bedürfnisse der Einzelnen werden zu stark bedient. Mögliche Folge: Das Wir-Gefühl geht verloren.
◆ Das Teamdenken und der Teamgeist werden überbetont. Mögliche Folge: Der Einzelne erlebt sich unter Druck und kann seine eigenen Qualitäten nicht entfalten.
◆ Die Arbeitserfüllung steht einzig im Vordergrund. Mögliche Folge: Die Beziehungen und damit das Teamerleben können sich nicht entwickeln.
◆ Die Rahmenbedingungen wechseln ständig. Mögliche Folge: Arbeitsaufgaben werden nicht vollendet und Erfolge vereitelt.

Für die konkrete Anwendung muss man die einzelnen Faktoren ausdifferenzieren und erhält so ein Instrument, mit dem man den Grad der Balance in seinem Team abschätzen und den Bereich der Imbalance präziser lokalisieren kann (Fortsetzung von Abschnitt 1.5).

Weiterhin lässt sich das Modell aufgreifen, um das Team darüber zu managen, dass solche Ungleichgewichte bei dem jeweiligen Faktor ausgeglichen werden (siehe Abschnitt 2.2).

Wir differenzieren das Teamdreieck jetzt, um genauer beschreiben zu können, wie sich eine Erfolg versprechende Teamsituation in Bezug auf die vier Faktoren Einzelperson, Team, Arbeitsaufgabe, Umfeld beschreiben lässt.

Wir sprechen hier von Teamsituation, weil sowohl das Team als auch der Teamleiter und das Umfeld einbezogen werden.

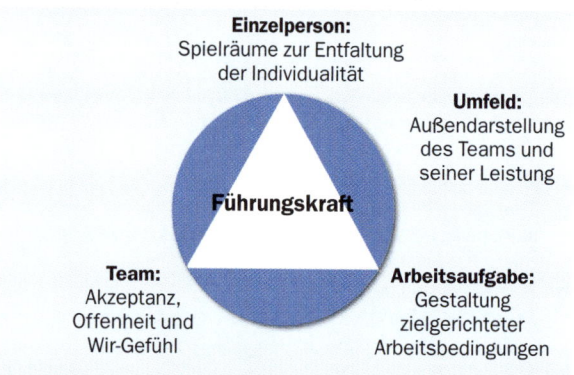

Die Einflussfaktoren der Teamsituation im Teamdreieck

Einzelperson

In einem guten Team hat der Einzelne Raum, seine Individualität zu entfalten. Die Grenzen dieses Raumes werden durch die anderen Faktoren ganz klar gesetzt. Es geht also nicht um eine narzistisch egoistische Durchsetzung eigener Interessen. Vielmehr zeigt sich in erfolgreichen Teams, dass der Einzelne motivierter ist, wenn er eigene Verantwortlichkeit und Entwicklungsmöglichkeiten hat, wenn er Spielräume, Autonomie und Abwechslung hat. Wird die Möglichkeit, eigene Interessen einzubringen, durch die anderen Faktoren zu sehr begrenzt, fühlt sich das Teammitglied ausgebremst. Die Folge ist, dass vorhandene Energien statt in das Team und die Aufgaben in andere Bereiche gelenkt werden.

Team

Ein ausgeprägtes Teamgefühl lässt sich mit gegenseitiger Akzeptanz, Offenheit und dem Gefühl der Zugehörigkeit beschreiben. Auch hier soll klargestellt werden, dass dies keinesfalls Leistungsvergleich, Wettbewerb und hartes Ringen im Meinungsaustausch ausschließt. Grundsätzlich besteht aber eine Atmosphäre, in der häufiger auf das Verbindende und das gemeinsame Ziel geschaut wird als auf das Trennende. Bei Differenzen besteht die Haltung, dass Unvereinbarkeit im Einzelnen als gleichberechtigte Andersartigkeit toleriert werden kann. Entsteht kein Teamgefühl, werden zwangsläufig egoistische Interessen im Vordergrund stehen. Die Folge: Einzelne versorgen sich so gut wie möglich selbst, wobei das Interesse am Team in den Hintergrund rückt oder der Rückzug angetreten wird und man sich nur noch nach Vorschrift einbringt.

Arbeitsaufgabe

Jedes Team hat eine Aufgabe. Die Aufgabe wirkt wie ein Brennglas, das die verschiedenen Fähigkeiten der Mitglieder bündelt. Die Aufgabenerledigung erfordert verbindliche Zielsetzungen, eindeutige Verantwortlichkeitsregelungen und eine strukturierte Planung und Kontrolle, wenn Ergebnisse schnell und effektiv erreicht werden sollen. Wird die optimale Bewältigung einer Aufgabe vernachlässigt, sind offensichtlich einige der anderen aufgelisteten Faktoren zu stark gewichtet. In diesem Fall ist die Folge eine Ineffizienz des Teams – man ist mehr mit sich beschäftigt als mit der optimalen Bewältigung der anstehenden Arbeit.

Umfeld

Da das Team nur ein Element des Gesamtsystems der Organisation ist, muss es auch in Beziehung zu den anderen Elementen verstanden werden. Ein gutes Team ist nur dann gut, wenn es auch von außen als solches wahrgenommen wird. Dies ist eine Frage der Außendarstellung. Außerdem muss der Informationsaustausch nach außen funktionieren – mit den anderen

Abteilungen und Ebenen der Organisation. Das berührt die Frage, wie starr und durchlässig die Grenzen des Teams sind. Vergleichbar wie in einem Stoffwechselsystem bestimmt die Qualität des Inputs auch die Qualität der Ergebnisse, die produziert werden können. Ein Team, das sich zu sehr abschottet und die Offenheit seiner Grenzen zu wenig beachtet, wird mittelfristig zum Fremdkörper der Organisation.

Teamleiter als steuerndes Element

In dieser Rolle kommt dem Teamleiter im Zusammenspiel aller Faktoren besondere Bedeutung zu. Wir werden deshalb in Kapitel 2 ausführlich darauf eingehen, wie er sie im Einzelnen beeinflussen kann. In diesem Kapitel soll zunächst die Analyse zu Ende gebracht werden. Sie können nach dem Fragebogen über die Rollenausprüfung nun Ihre Teamsituation mit einem Fragebogen einschätzen und überprüfen, wie die einzelnen Faktoren balanciert sind.

Werfen Sie einen Blick auf Ihre Teamsituation!
– Fragebogen zur Diagnose der Teamsituation

Im folgenden Fragebogen erhalten Sie die Möglichkeit zu erkennen, wie weit die Situation in Ihrem Team in Balance ist. Die Auswertung ermöglicht Ihnen eine präzise Antwort, ob und bei welchem Faktor Sie zielgerichtet aktiv werden können.

Vorgehen:

Geben Sie bei den aufgeführten Aussagen jeweils den Grad Ihrer Zustimmung an. Vergeben Sie
eine 0 wenn Sie der Aussage überhaupt nicht zustimmen,
eine 1 für eine schwache Zustimmung,
eine 2 für mittlere Zustimmung und
eine 3 für starke Zustimmung.

---

1. Die Teammitglieder sind alle akzeptiert. Es gibt keine Außenseiter.

2. Individuelle Meinungen und abweichende Vorstellungen werden offen diskutiert.

3. Die Mitglieder des Teams können sich geltenden Normen des Teams entziehen und nutzen dies auch ohne Folgen.

4. Jeder im Team hat seinen eigenen Verantwortungsbereich.

5. Die Meinung jedes Teammitglieds zählt. Man hört jedem zu.

6. Es wird nicht versucht, Andersartigkeiten einzelner Personen in Ausdruck, Neigungen, Verhalten zu bekehren oder anzupassen.

7. Innovation und Erneuerung, Infragestellen bestehender Prozesse und Denkweisen ist möglich und wird auch praktiziert.

8. Die Zuständigkeiten und Aufgaben sind personell eindeutig zugewiesen.

9. Die Arbeit wird von den Teammitgliedern als herausfordernd erlebt. Das Erreichen der Arbeitsziele wird als motivierend erlebt.

10. Bei der Arbeit und bei Besprechungen herrscht Ergebnisorientierung vor.

11. Es gibt klare Ziele, deren Erreichen oder Nichterreichen auch thematisiert wird.

12. Leistungsschwächen Einzelner werden thematisiert und Wege zur Veränderung gesucht.

13. Leistung wird nicht selbstverständlich hingenommen. Lob und Anerkennung werden geäußert.

14. Die Personen sind entsprechend ihren Fähigkeiten eingesetzt. Anpassungen der Qualifikationen werden vorgenommen.

15. Einzelne Teammitglieder sind zu Einschränkungen bereit, wenn es die Gesamtlage erfordert.

16. Es herrscht ein Gefühl von Verbundenheit und Gemeinschaftssinn vor.

17. Es gibt gemeinsame Rituale, die gepflegt werden, und an denen alle teilhaben.

18. Kritik wird offen geäußert, ebenso abweichende Ideen, Meinungen und Vorschläge.

19. Konflikte zwischen Kollegen schwelen nicht lange, sondern werden schnell erkannt und/oder ausgeräumt.

20. Alles in allem herrscht ein Klima gegenseitiger Akzeptanz und Toleranz vor.

21. Das Infragestellen und Verbessern von Verhaltensweisen einzelner wird angenommen und nicht als Angriff gewertet.

22. Es bestehen vielfältige Kontakte zu anderen Abteilungen innerhalb der Organisation.

23. Der Vorgesetzte hat Verbindungen und Kontakte zu Personen außerhalb der Organisation.

24. Die Aufgaben des Teams sind in der Organisation anerkannt und die Ergebnisse der Arbeit werden im Unternehmen gewürdigt.

25. Das Team wird selten von „Neuigkeiten" überrascht. Es ist in der Regel rechtzeitig über wichtige Themen informiert.

26. Der Vorgesetzte vertritt die Interessen des Teams erfolgreich nach außen in Gremien und vor Verantwortlichen.

27. Der Vorgesetzte kümmert sich darum, dass das Team mit den zur Zielerreichung erforderlichen Ressourcen versorgt wird.

28. Das Klima innerhalb des Teams ist verglichen mit anderen Abteilungen überdurchschnittlich und zieht andere Mitarbeiter an.

Auswertung

Faktor Person
Errechnen Sie die Punktsumme der Fragen 1-7:

Faktor Team
Errechnen Sie die Punktsumme der Fragen 8-14:

Faktor Aufgabe
Errechnen Sie die Punktsumme der Fragen 15-21:

Faktor Umfeld
Errechnen Sie die Punktsumme der Fragen 22-28:

Interpretation der Ergebnisse

Sie können nun für jeden Faktor über den jeweiligen Punkt-wert anhand der unten stehenden Interpretationshilfe ab-schätzen, ob und wieweit Handlungsbedarf besteht. In der Gesamtschau werden Sie erkennen, wo Ihr Teamdreieck aus der Balance ist. Es dürfte klar geworden sein: Die 28 Fragen stellen keinen erprobten psychologischen Test dar, sondern es geht darum, einen Orientierungsrahmen zu schaffen, oh-ne sich sklavisch an einzelnen Punktzahlen festzuhalten.

Punktsumme 0-9: Akuter Handlungsbedarf
Bei weniger als neun Punkten wird deutlich, dass der betref-fende Faktor bisher zu wenig beachtet wurde. Es ist sehr wahrscheinlich, dass dieser Faktor Konflikte im Team ver-ursacht. Als Teamleiter sollten Sie sich intensiver mit den Themen beschäftigen, die in den Fragen zu diesem Faktor vorgestellt wurden. Das nachfolgende Kapitel 2 bietet sich zum Nachschlagen an.

Punktsumme 10-14: Handlungsbedarf
Sie haben bei diesem Faktor Schwächen. Vielleicht deuten sich Konflikte in Ihrem Team an, wenn sie nicht schon offen zutage getreten sind. Sie wissen vermutlich auch schon, dass dieser Faktor stärker beachtet werden muss. Lesen Sie sich als Teamleiter die Fragen zu diesem Faktor noch einmal durch und beschäftigen Sie sich mit dem folgenden Kapitel 2, um weitere Anregungen zu erhalten, was Sie tun können.

Punktsumme 15-21: Glückwunsch
In diesem Punktbereich besteht Grund zur Gelassenheit. Das, was diesen Faktor ausmacht, wird im Wesentlichen oder sogar voll erfüllt. Sie können diesen Faktor als gut be-achtet bei Ihrer Teamleitung verbuchen. Konzentrieren Sie sich auf Faktoren mit höherem Handlungsbedarf, um die Teamsituation zu optimieren.

2 Teams führen

Gebraucht wird mehr als Handwerkszeug

2.1 Drei Faktoren der Teamführung

Vertrauen, Sicherheit und Koordination in der Teamführung

Die Führungskraft muss für das Team drei Funktionen erfüllen, um ein reibungs- und konfliktarmes Klima zu schaffen und um die Balance der in Kapitel 1 beschriebenen TZI-Faktoren herzustellen. Die Erfüllung der Funktionen richtet sich einmal nach innen, also auf das Team. Zum anderen richten sich diese Funktionen nach außen, also auf die Systemumwelt des Teams. Erfüllt der Teamleader die Funktionen in beide Richtungen, kann die Energie der Mitglieder auf die Aufgabenerledigung konzentriert bleiben. Schwächen in einzelnen Funktionen haben zur Folge, dass Reibungsverluste auftreten und Ausgleichsbewegungen des Teams initiiert werden, um unter den gegebenen Bedingungen arbeiten zu können.

Führungsfunktionen im Team

Die Führungsfunktionen lassen sich direkt in Bezug zu den vier Faktoren des TZI-Modells denken (vgl. Seite 24/25):

Was bedeutet Sicherheit?

Sicherheit folgt, wenn Unsicherheit in Bezug auf die Aufgabenerledigung, die Stellung und die Verantwortlichkeit im Team minimiert wird. Es geht dabei auch um Transparenz und Nachvollziehbarkeit bezüglich der Entscheidungsfindung oder um den Schutz des Einzelnen in Konfliktfällen sowie um die Außendarstellung des Teams. Bei all diesen Themen ist entweder die Sicherheit des Einzelnen im Team, des Teams nach außen oder die Sicherheit als Zuverlässigkeit des Vorgesetzten betroffen.

Folge eines Mangels an Sicherheit

Als Beispiel mag die Unterscheidung zwischen einem Laissez-faire-Führungsstil und einem autoritären Führungsstil dienen. Die Gegensätze dieses Kontinuums lassen sich noch etwas stärker konturieren, wenn man sich auf der einen Seite den sich abschottenden Handlungsverweigerer und auf der anderen Seite den unberechenbaren Tyrannen vorstellt. Beide Extremstile tragen eine hohe Unsicherheit ins Team. Die Folgen sind,

◆ dass jeder Einzelne Vorkehrungen und Verhaltensweisen wählen wird, mit denen er sich vor Gefahren schützt (ICH),
◆ dass sich das Teamdenken so nicht entwickeln kann (WIR),
◆ dass die Aufgabenerledigung durch doppelte Absicherung gebremst wird (ES) und
◆ dass die Außendarstellung als geschlossenes und effektives Team dadurch kaum gelingen wird (UMWELT).

Was bedeutet Koordination?

Koordination erfordert von der Führungskraft Ordnung des Arbeitsprozesses, Priorisierung der Arbeitsaufgaben, Informationsweitergabe, Informationsfluss innerhalb des Teams, Beachtung der Teamrollen, sinnvolle Delegation. Darunter fällt auch die Vernetzung der Teammitglieder untereinander und die Außenkoordination zwischen Team und Organisation.

Folgen eines Mangels an Koordination

Ein Mangel an Koordination hat chaotische Verhältnisse zur Folge.

◆ Der Einzelne vermisst klare Aufgaben- oder Zuständigkeitszuweisungen (ES).

◆ Oder er fühlt sich auf verlorenem Posten, muss möglicherweise Strukturen gestalten, um seine Tätigkeit zu bewältigen, obwohl er sich damit in unklare Zuständigkeitsbereiche hinein bewegt (ICH).

◆ Im Team entstehen so Spannungen, weil jeder gezwungen ist, persönlich Koordinationsleistung zu erbringen, ohne die dazu erforderliche Autorität zu besitzen, was schnell zu gegenseitigen Anklagen und Konflikten führt (WIR).

All diese Einzelwirkungen stehen natürlich auch in Bezug zueinander und bewirken im wechselseitig vernetzten Zusammenspiel ein disharmonisches Gesamtkonzert.

Was bedeutet Vertrauen?

Ein guter Vorgesetzter wird sich transparent und gerecht verhalten, in dem Sinne, dass seine Entscheidungen nachvollziehbar sind. Das Vertrauen der Teammitglieder steigt, weil auf diese Weise unmittelbar vorhersehbar wird, welche Folgen eigenes Verhalten hat.

Vertrauen bezieht sich aber auch darauf, dass der Vorgesetzte durch sein Verhalten glaubhaft macht, dass er in die Potenziale der Teammitglieder vertraut, in ihre Kompetenzen und in ihre Fähigkeit, gemeinsam die Arbeitsziele zu erreichen.

Folgen eines Mangels an Vertrauen

Die Folgen eines Vertrauensmangels spiegeln sich unmittelbar in der Distanzierung zwischen Mitarbeitern und Teamleiter wider.

- Das Zugehörigkeitsgefühl zum „Team" verringert sich, weil das Team keine Attraktivität besitzt (ICH, WIR).
- Die Arbeitsziele werden nicht herausfordernd sein, die Motivation, über die eigenen Grenzen hinauszuwachsen, wird denkbar gering sein (ES).
- Die Tendenz, sich außerhalb des Teams zu engagieren oder es zu verlassen, wächst (UMWELT).

Innen- und Außenorientierung als Führungsaufgabe

Die Beschreibungen in den vorangegangenen Absätzen machen bereits deutlich, dass der Teamleiter über die Grenzen des eigenen Teams hinaus denken muss. Sicherheit, Koordination und Vertrauen beziehen sich auch darauf, dass man als Teamleiter innerhalb der Organisation, in Gremien, formellen und informellen Zusammenkünften

- die Sicherheit vermittelt, dass das Team seine Aufgaben optimal erfüllt,
- notwendige Kontakte herstellt und ausbaut, die dem Team helfen,
- Vertrauen zu anderen Bereichen aufbaut, sodass man in das unternehmenspolitische Netz eingebunden ist und vorbeugend Kontakte zu unterstützenden Kräften aufbaut.

Die Aufgabe, über die Grenzen des eigenen Teams hinaus zu denken und zu handeln, muss nicht von den Teammitgliedern geleistet werden. Es ist eine Führungsaufgabe.

2.2   Teamführung im Teamdreieck

Im Kapitel 1 bot Ihnen ein Fragebogen die Möglichkeit, Ihre Teamsituation zu diagnostizieren (S. 28). Die Auswertung mündete in die Einschätzung, wie gut Sie bisher die einzelnen Teamfaktoren berücksichtigen. Hier erhalten Sie nun konkrete Hinweise, wie man als Teamleiter die einzelnen Faktoren des Teamdreiecks beeinflussen kann, um eine aus dem Lot geratene Teambalance wieder herzustellen.

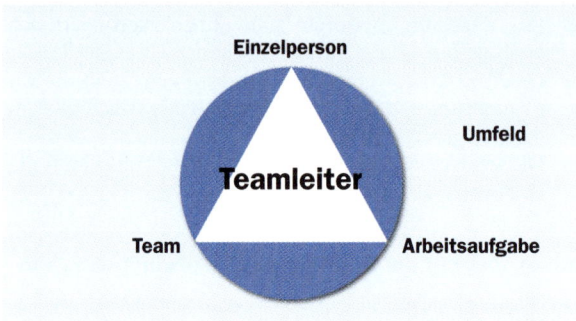

Spannungsfeld des Teamleiters/der Teamleiterin

Verbesserungsvorschläge zum Faktor Team:

◆ Stellen Sie die Wichtigkeit des Teams und des gemeinsamen Handelns heraus. Etablieren Sie den Gedanken, dass der Einzelne auch bei kurzfristigen Einschränkungen in seiner Gesamtbilanz unter dem Strich profitiert.

◆ Achten Sie darauf, dass sich gemeinsame Rituale wie Formen der Belohnung, gemeinsame Aktionen oder Feiern zu besonderen Anlässen etablieren, in denen sich ein unverwechselbares Teamgefühl kultivieren kann.

◆ Sorgen Sie für ein Klima, in dem abweichende Gedanken erlaubt sind und Kritik sowie das Eingeständnis von Fehlern als Chance für Weiterentwicklung begriffen werden.

◆ Machen Sie die Teammitglieder mit den Teamrollen und ihren spezifischen Stärken vertraut und bestärken Sie den Gedanken der gegenseitigen Toleranz der Unterschiedlichkeit.

Verbesserungsvorschläge zum Faktor Arbeitsaufgabe:

◆ Die Verteilung eindeutiger Verantwortlichkeiten erleichtert es, Gespräche zur Zielerreichung zu führen. Schon deshalb ist es von Vorteil, wenn geregelt ist, wer für was zuständig ist.

- ◆ Führen Sie Besprechungen so, dass am Ende Ergebnisse festgehalten werden. Durch den Einsatz von Visualisierungstechniken fällt es leichter zielorientiert zu arbeiten.
- ◆ Thematisieren Sie Konflikte früh und gehen Sie sie rasch und konstruktiv an. Über die Methoden sprechen wir später in diesem Buch. Bedenken Sie, dass das Übersehen von Konflikten auf den Teamleiter zurückfällt.
- ◆ Sorgen Sie dafür, dass die einzelnen Personen entsprechend ihrer Qualifikation eingesetzt werden und die Qualifikationen den Aufgaben angepasst werden. Nur so ist eine optimale Leistung zu erzielen.

Verbesserungsvorschläge zum Faktor Einzelperson

- ◆ Bedenken Sie, dass abweichende Meinungen das Spektrum der Ideen erhöhen. Ermutigen Sie, Dinge in Frage zustellen. Die Forderung nach bedingungslosem Gehorsam wird kreative und innovative Geister schnell vertreiben.
- ◆ Die Förderung des Teamdenkens darf nicht blockieren, dass der Einzelne sich zu gegebener Zeit und aus gutem Grund entziehen kann und eigene Freiräume hat. Wer Individualiät ausschalten will, der schafft Konformismus.
- ◆ Achten Sie darauf, dass Personen nach ihrem Rollenprofil gefördert und gefordert werden. Lösen Sie sich vom Status der Person, wenn Erfahrung oder Ziel es erfordern.

Verbesserungsvorschläge zum Faktor Umfeld

- ◆ Ihr Team ist Teil des Organisationssystems. Machen Sie bekannt, welchen wichtigen Beitrag es leistet.
- ◆ Schaffen Sie Kontakte innerhalb und außerhalb der Organisation, um zahlreiche Informationsquellen zu haben, aus denen Sie Ihr Team rechtzeitig und umfassend mit Informationen versorgen können.
- ◆ Stellen Sie sich vor ihr Team und sorgen Sie durch die Darstellung der Leistungen nach außen und Ihre Bemühungen dafür, dass das Team alle erforderliche Ressourcen erhält, um optimal arbeiten zu können.

2.3 Kompetenzen des Teamleiters

Das Kompetenzrad

Eine Teamleiterin, ein Teamleiter tut gut daran, ein differenziertes Kompetenzprofil aufzubauen.

Gelingt den meisten Teamleitern der Sprung von einer Tätigkeit mit vornehmlich fachbezogenen Fragestellungen in ihre neue Führungsposition noch aufgrund ihrer Fachkompetenz, stellen sie dann meist rasch fest, dass die erhöhten Anforderungen zur Menschenführung mit fachlicher Expertise kaum zu bewerkstelligen sind. Es braucht etwas mehr. Wie kommt das? Und was braucht es? Die Kompetenzen, die sich aus der Veränderung der Rolle ergeben, werden heute zumeist in vier Bereiche untergliedert. Sie sind in der Abbildung im Kompetenzrad dargestellt.

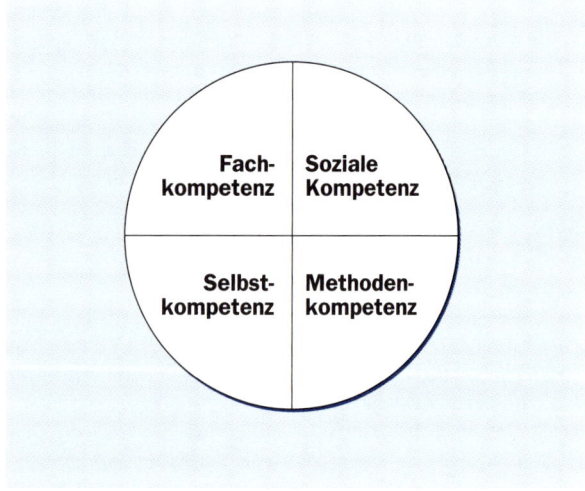

Das Kompetenzrad des Teamleiters

Es ist klar, dass das Hinzutreten weiterer Kompetenzen zur Fachkompetenz zum einen Teil den Hintergrund hat, dass auf der höheren Ebene zahlreiche neue Fragen und Aufgaben relevant werden, dass sich die Zeitanteile für die unterschiedlichen Arbeiten verschieben und dass neue Ansprechpartner hinzukommen. Zum anderen verändert sich die Qualität der Arbeit an sich. Besonders gravierend ist naturgemäß der Übergang von einer rein fachlichen Funktion in eine rein führende, aber der Prozess der Ausbildung eines differenzierten Kompetenzprofils endet nie, sondern darum muss sich jeder Teamleiter auf Dauer kümmern.

Die Bedeutung der vier Kompetenzbereiche ergibt sich nicht nur aus den Anforderungen innerhalb eines Teams. Gerade die Schnittstellenfunktion des Teamleiters macht deutlich, dass die verschiedenen Kompetenzen in der Außendarstellung und Außenvertretung eine mindestens gleichberechtigte Bedeutung entfalten.

Fachkompetenz

Fachkompetenz ist in den meisten Unternehmen die Voraussetzung, eine Teamleiterfunktion zu erhalten – leider oft noch immer die einzige. Fachkompetenz verleiht dem Teamleiter eine hohe Glaubwürdigkeit und Achtung innerhalb und außerhalb des Teams. Sie ist wichtig, das steht außer Frage. Die Erfahrung zeigt außerdem, dass sie meist die entscheidende Quelle der beruflichen Selbstsicherheit ist. Insofern spricht vieles dafür, die Bedeutung der Fachkompetenz des Teamleiters zu achten und zu fördern. Der einseitigen Voraussetzung von bloßer Fachkompetenz steht anderenorts vielfach gegenüber, dass die übrigen Kompetenzen des Kompetenzrades überbetont werden und im gleichen Zuge die Fachkompetenz unberechtigterweise herabgewürdigt wird.

Man kann Folgendes bedenken: Die Aktualisierung der Fachkompetenz muss Teil der Weiterentwicklung eines Teamleiters sein. Diese Aktualisierung kann aber nicht in der Fortsetzung von Detailkenntnissen liegen, wie sie eine Ebene unter der teamleitenden Tätigkeit benötigt wurde und wird. Vielmehr geht es darum, Fachkompetenzen zu erweitern, die mit der Bewältigung der aktuellen Führungsaufgaben zu tun haben. Dieses Wissen kommt in der Regel aus anderen, angrenzenden Fachbereichen und ist mehr überblicks- als detailorientiert.

Fachkompetenz allein darf dennoch nicht die einzige Quelle sein, aus der sich die Kompetenz des Teamleiters speist. Die drei übrigen Kompetenzen des Kompetenzrades sollten parallel auf- und ausgebaut werden. Je früher dies geschieht, desto leichter fällt diese Qualifikation dem Teamleiter und je eher erkennt er selber den Nutzen. Geschieht dies zu spät, wird die Motivation dazu gering sein, und das aus verständlichem Grund. Er/sie wird sich selbst sagen können, dass es bislang ja auch so funktionierte. Die Einstellung zu verändern, dass man etwas Funktionierendes deutlich verbessern könnte, gelingt aber erfahrungsgemäß ungleich schwerer.

Methodenkompetenz

Techniken, die die Arbeit mit und in Gruppen effizienter und effektiver machen, kann man zur Methodenkompetenz rechnen. Wer, wenn nicht der Teamleiter sollte diese Techniken zuvorderst beherrschen? Kenntnis der Moderationsmethode, Präsentations- und Visualisierungstechniken sowie eine kompetente Besprechungsorganisation (s. Abschnitt 2.4), machen die Methodenkompetenz des Teamleiters aus. Eine Gruppe zu moderieren verlangt vom Teamleiter einen erkennbaren Rollenwechsel. Er steuert die Gruppe durch einen Arbeitsprozess. Hat er in anderen Führungssituationen die Pflicht, seine eigene Meinung zu vertreten oder gar ein vorab festgelegtes Ergebnis zu vermitteln, ist er in der Rolle des Moderators zur Zurückhaltung aufgefordert. Durch gezieltes Fragen und den Einsatz geeigneter Methoden steuert er die Gruppe zur zielgerichteten und produktiven Arbeit. Dies setzt ein gutes Gespür für gruppendynamische Prozesse voraus. Die Kenntnis der in Kapitel 3 dargestellten Aspekte des vorliegenden Bandes leistet dazu einen wichtigen Beitrag. Dieses Wissen hilft, besser zu verstehen, wie Entscheidungen in Gruppen zustande kommen. Es hilft darüber hinaus, besser einschätzen zu können, wie und wann man bestimmte Werkzeuge aus dem Methodenrepertoire des Moderators einsetzen kann. Sinn und Zweck dieser Kompetenz ist die bessere Steuerung der Arbeit im Team, die effektivere und effizientere Arbeit.

Arbeitsergebnisse aufzubereiten, sie rhetorisch verständlich und überzeugend zu präsentieren, prägnante Inhalte zu visualisieren, all das sind Bestandteile der Präsentationstechnik. Sie zu beherrschen gewinnt vielleicht insbesondere in der Außendarstellung des Teams ihre prominenteste Bedeutung. Denn dort vertritt der Teamleiter Ergebnisse und Anliegen, die auch seine Mitarbeiter betreffen. Zu Moderation und Präsentation erscheint in der Reihe Pocket Business ein eigener Band, mit dem sich die hier nur angerissenen Aspekte vertiefen lassen.

Soziale Kompetenz

Die Kommunikationsfähigkeit des Teamleiters entscheidet darüber, wie gut er die sprachlichen und nichtsprachlichen Signale seiner Umgebung aufnehmen kann. Kennzeichnend für eine hohe Kommunikationskompetenz ist einerseits diese Wahrnehmungsfähigkeit. Andererseits kommt hinzu, wie gut es gelingt, durch rhetorisches Geschick und Gesprächsführungskompetenz lenken und Ideen „verkaufen" zu können. Neben der

◆ Kommunikationsfähigkeit sind
◆ die Fähigkeit, soziale Situationen zwischen Personen treffend einschätzen zu können,
◆ die Perspektive des anderen einnehmen zu können und
◆ sich selbstsicher in sozialen Netzen zu bewegen,

Merkmale einer hohen Sozialkompetenz.

Die Fähigkeit, die unterschiedlichen Teamrollen gut zusammenzubringen und die Führung mit dem Teamdreieck setzt diese Fähigkeiten beispielsweise voraus. Aber auch im Arbeitsalltag im Umgang mit Kolleginnen und Kollegen auf gleicher Ebene, Kunden und eigenen Vorgesetzten ist dies von zentraler Bedeutung. Wenn es aber um die Bearbeitung und Lösung von Konflikten geht, wird diese Kompetenz in besonderem Maße gefordert. Die Fähigkeit, Kontakt herzustellen, unter Einsatz geschickter Wortwahl und Fragen durch den Gesprächsverlauf zu navigieren, zu erkennen, wann Unterbrechungen sinnvoll sind, wann man welche Partei zu Wort kommen lassen sollte, wahrzunehmen, wann und wie eine inhaltliche Lösung angebahnt werden kann, all das und mehr entscheidet darüber, ob eine tragfähige Konfliktlösung entsteht und wie lange sie trägt.

Gehen wir noch einen Schritt weiter. Ein Teamführer mit einer hohen Kommunikationskompetenz wird viele Konflikte überhaupt nicht in seinem Team erleben, weil er sie rechtzeitig wahrnehmen und angehen kann. Auf das Thema Konflikt geht das vorliegende Buch später ausführlich ein.

Selbstkompetenz

Selbstkompetenz ist durch mehrere Aspekte gekennzeichnet:
◆ produktiver Umgang mit eigenen Emotionen,
◆ konstruktive Werthaltungen, Einstellungen und Motive,
◆ gute und realistische Selbsteinschätzung sowie
◆ kreativer Einsatz persönlicher Ressourcen.

All diese Aspekte machen eine reife Führungspersönlichkeit aus. Sie sind eine wichtige Voraussetzung dafür, dass es dem Teamleiter gelingt, die in Abschnitt 2.1 angesprochenen Funktionen Sicherheit, Koordination und Vertrauen zu erfüllen. Selbstkompetenz setzt voraus, dass man sich seiner eigenen Grenzen bewusst ist, seine Stärken und Schwächen gleichermaßen akzeptiert und integriert hat. Dies ist ein lebenslanger Prozess und eine ständige Herausforderung.

Die Wichtigkeit aller Kompetenzbereiche

Faszinierend ist die in der Praxis immer wieder nachvollziehbare Beobachtung, dass man auf einzelne Komponenten durchaus verzichten kann, ohne dass mittelfristig gravierende Probleme entstehen.

Viele Spannungen werden aus der Sicht von Entscheidungsträgern ganz einfach unbedeutend, wenn unter dem Strich das Arbeitsziel erreicht wird. Deshalb werden Teamleitern, die in einem Feld herausragen, durchaus Schwächen in anderen Bereichen nachgesehen. Fast jeder kennt zum Beispiel Vorgesetzte, deren Fachkompetenz so herausragend ist, dass man in Kauf nimmt, dass ihre Kommunikationskompetenz oder Selbstkompetenz schwach ist. Daraus resultierende Spannungen im Arbeitsteam nimmt man aus den schon beschriebenen Gründen in Kauf.

Man könnte auch für jeden anderen Bereich Beispiele nennen, in denen das Kompetenzrad – bildhaft beschrieben – eine oder mehrere „Dellen" hat. Die Realität zeigt also, dass das den Wagen nicht unbedingt in den Graben zieht. Aber bleiben wir im Bild: Ein gut gewuchtetes Kompetenzrad wird runder laufen und den Wagen sicherer, konfliktfreier und oft schneller ins Ziel führen.

2.4   Besprechungen leiten

Vier Faktoren guter Besprechungen

In jedem Team sind Besprechungen üblich und auch notwendig, um den effektiven Informationsaustausch untereinander zu fördern. Es ist interessant zu beobachten, wie eine Besprechung im Team abläuft, denn dort spiegeln sich in komprimierter Weise die wesentlichen Prozesse, die auch außerhalb in der Zusammenarbeit ablaufen.

Es erscheint mir sinnvoll, vier Faktoren zu unterscheiden, die die Besprechungsqualität ausmachen. Es sind
1. die Kommunikation und der soziale Umgang miteinander,
2. der Aufgabenbezug während der Besprechung,
3. die Art und Weise, wie die Besprechung geleitet wird und
4. der Einsatz professioneller Methoden der Besprechungsgestaltung.

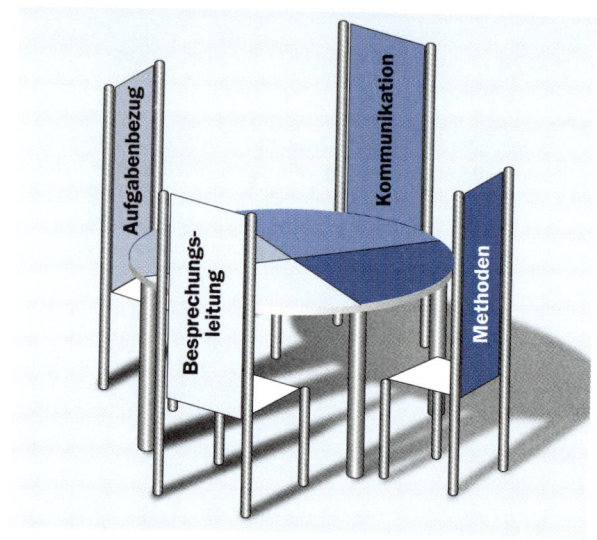

Faktoren einer guten Besprechungskultur

> Sorgen Sie für effektive Besprechungen, denn in ihnen werden wesentliche Weichen für die Zusammenarbeit gestellt.

Das bezieht sich nicht nur auf die soften Faktoren der Zusammenarbeit, sondern insbesondere auf die messbaren Hardfacts, die Ihr Team produziert.

In den folgenden Abschnitten haben Sie anhand von vier kommentierten Fragebögen die Chance, Ihre eigene Besprechungskultur hinsichtlich der vier Faktoren zu überprüfen. Sie werden feststellen, ob und bei welchem Faktor Sie aktiv werden müssen, um bessere Ergebnisse in Ihrem Team zu erhalten als bisher.

Die Durchführung und Auswertung erfolgt nach Verfahren, die Sie schon von den im Abschnitt 1.4 enthaltenen Fragebögen her kennen.

Überprüfen Sie Ihre Besprechungen!

1. Diagnose:
   Geben Sie bei den den einzelnen Aussagen in den umseitig folgenden Fragen jeweils den Grad Ihrer Zustimmung an. Vergeben Sie eine 0, wenn Sie der Aussage überhaupt nicht zustimmen, eine 1 für eine schwache Zustimmung, eine 2 für mittlere Zustimmung und eine 3 für starke Zustimmung.

2. Auswertung:
   Addieren Sie die Punkte, die Sie für diesen Faktor insgesamt vergeben haben und lesen Sie, in welchem Bereich Ihr Team sich befindet.

3. Das jeweilige Fazit:
   Die Auswertung gibt Ihnen Hinweise, ob und wo Sie handeln sollten.
   Akut: Es brennt! Egal bei welchem der angesprochenen Themen Sie beginnen: Tun Sie es noch vor der nächsten Mittagspause!
   Kritisch: Gefahr im Verzug! Gehen Sie die in den Aussagen angesprochenen Themen mit der geringsten Punktzahl umgehend an.
   Chance: Kein Grund zur Panik, aber es wird Zeit etwas zu tun, und Sie wissen auch wo: bei den Aussagen mit der geringsten Punktzahl.
   Gut: Bei diesem Faktor läuft es. Sie können sich an den Feinschliff machen, wenn Sie eine Spitzenleistung wollen.
   Sehr gut: Grund zum Jubeln. Beglückwünschen Sie sich und belohnen Sie Ihr Team.

Sozialer Umgang und Kommunikationskultur in Besprechungen

In unseren Besprechungen herrscht eine angemessene Offenheit. Auch Gegenpositionen und abweichende Meinungen werden geäußert.

Inhaltliche Auseinandersetzungen laufen konstruktiv ab. Hart in der Sache aber nicht beleidigend, sondern akzeptierend im Umgang.

In der Regel hat jeder die Chance auszusprechen. Unterbrechungen oder Killerphrasen sind nicht üblich, sondern eher die Ausnahme.

Die Besprechungen sind eher dialog- als monologorientiert. Das bedeutet, es wird oft nachgefragt und auf Beiträge eingegangen.

Die Redeanteile der einzelnen Teilnehmer sind gut verteilt. Die Dialoge begrenzen sich nicht nur auf einige wenige Personen.

Unter den gegebenen Bedingungen macht die Gruppe das Beste daraus, eine gute Besprechungsumgebung zu schaffen.

1	2	3	4	5	6	7	8	9	10	11	12	13	14	15	16	17	18
Akut				Kritisch				Chance				Gut			Sehr gut		

Tipps für den/die Teamleiter/in:

Wenn Ihr Ergebnis in diesem Faktor nicht zufrieden stellend ist, sollten Sie kritisch prüfen, wie Ihr eigenes Kommunikationsverhalten zu diesem Ergebnis beiträgt, oder welche Teammitglieder am kritischsten sind. Ist das Ergebnis auf fehlende Kommunikationskompetenz zurückzuführen, veranschlagen Sie entsprechende Trainings. Ist das Ergebnis ein Symptom für tiefer liegende Konflikte, dann nutzen Sie die Anregungen aus dem Konfliktteil diese Buches.

Aufgabenbezug während der Besprechung

Vor der Besprechung werden Tagesordnungspunkte festgelegt, die im Allgemeinen auch eingehalten werden.

Es wird an relevanten Themen gearbeitet. Man hat nicht den Eindruck, Zeit abzusitzen oder nutzlos zu vergeuden.

Entscheidungen, die bereits getroffen wurden und Themen, die abgeschlossen wurden, werden nicht später erneut aufgegriffen und anders behandelt.

Ergebnisse werden festgehalten, Aktionspläne entwickelt und mit Verantwortlichkeiten und Terminen versehen.

Es gibt inhaltliche Rückbezüge, bei denen verfolgt wird, wie sich Dinge entwickelt haben, nachgehakt wird und so Entwicklung sichtbar wird. Auch kommen die Teilnehmer vorbereitet in die Sitzungen.

Besprechungen finden statt, wenn es etwas zu besprechen gibt. Es kann durchaus vorkommen, dass ein Termin gekürzt oder verschoben wird, wenn weniger als erwartet ansteht.

1	2	3	4	5	6	7	8	9	10	11	12	13	14	15	16	17	18
Akut				Kritisch				Chance				Gut			Sehr gut		

Tipps für den/die Teamleiter/in:
Wenn Ihr Ergebnis in diesem Faktor nicht zufrieden stellend ist, sollten Sie Ihre Besprechungen aufgabenorientierter angehen und auch die Teammitglieder dazu motivieren, zielorientierter und konzentrierter zu arbeiten.
Führen Sie die Besprechungen nur durch, wenn es wirklich etwas zu bearbeiten gibt.

Führungsfunktion in der Besprechung

Der Teamleiter kontrolliert die Ergebnisse, indem nachgefragt und nachgehakt wird. Er lobt und tadelt offen, wenn dazu Anlass besteht.	
Der Teamleiter strukturiert die Diskussion und steuert in diesem Sinne ein, wenn die Gruppe sich in Nebensächlichkeiten verliert.	
Der Teamleiter passt seine Rolle den Stärken und Schwächen der Teamkonstellation an, indem er die erforderliche Rolle übernimmt.	
Der Teamleiter sorgt für Akzeptanz der Teammitglieder untereinander und vermittelt bei hitzigen Wortgefechten.	
Der Teamleiter spricht Konflikte offen und lösungsorientiert an. Er meidet das konfliktträchtige Thema nicht, sondern stellt sich.	
Der Teamleiter nutzt die Teambühne nicht zur Selbstdarstellung, sondern bringt sich mit seinen Redebeiträgen sinnvoll und angemessen ein.	

1	2	3	4	5	6	7	8	9	10	11	12	13	14	15	16	17	18
Akut				**Kritisch**				**Chance**				**Gut**			**Sehr gut**		

Tipps für den/die Teamleiter/in:
Wenn Ihr Ergebnis in diesem Faktor nicht zufrieden stellend ist, sollten Sie im ersten Schritt mit sich selbst in Klausur gehen. Sie müssen sich erkennbarer und mehr Struktur vorgeben. Im zweiten Schritt kann (und sollte) man sich strukturierte Besprechungsführung systematisch aneignen, was möglicherweise am besten durch Teilnahme an einem entsprechenden Seminar erfolgt.

Methodennutzung in Besprechungen

Das Vorgehen bei der Arbeit an neuen Problemstellungen folgt dem Ablauf Problemdefinition, Entwicklung von Lösungsalternativen, Auswahl der Alternativen, Planung des Vorgehens, Planung der Kontrolle.

Es gibt so etwas wie Regeln der Kommunikation während der Besprechung, an die sich alle halten. (Sie können abgesprochen sein oder unausgesprochen in bewährter Tradition gelten).

Ergebnisse und Zwischenergebnisse werden visualisiert. Es gibt ein Protokoll, in dem wichtige Dinge festgehalten werden.

In den Besprechungen werden Medien wie Flipchart, Pinwand, Folie und Beamer unterstützend genutzt bzw. eingesetzt.

Es findet periodisch so etwas wie eine Reflexion der Zusammenarbeit statt. Man spricht darüber, wie das Besprechungsverhalten optimiert werden kann.

Es kommen Methoden zum Einsatz wie Maßnahmenpläne, Ursache-Wirkungs-Diagramme, Vier-Felder-Schema, Kreativitätstechniken.

1	2	3	4	5	6	7	8	9	10	11	12	13	14	15	16	17	18
Akut				Kritisch				Chance				Gut			Sehr gut		

Tipps für den/die Teamleiter/in:
Wenn Ihr Ergebnis in diesem Faktor nicht zufrieden stellend ist, dann hängt es damit zusammen, dass zu wenig professionelle Werkzeuge der Arbeit in und mit Gruppen zum Einsatz kommen. Präsentationstrainings, Moderationstrainings und Kreativitätstrainings sind Themen, mit denen Sie die Teamleistung optimieren können.

2.5 Methoden zur Verbesserung Ihrer Besprechungen

Es gibt einige Werkzeuge, mit denen Sie Ihre Besprechungen effektiver machen können. Hier werden vier Werkzeuge vorgestellt, die sich auf die unterschiedlichen Bereiche beziehen, die in Abschnitt 2.4 angesprochen wurden.

Verbesserung der Kommunikation

Vielleicht stellen Sie fest, dass die Kommunikation in Ihren regelmäßigen Besprechungen nicht optimal funktioniert: Teilnehmer halten ständig Mologe, geben voreilig Bewertungen ab, anstatt die Meinung der Gesprächspartner erst einmal anzuhören, oder Sprechende werden häufig unterbrochen.

> Dann erweist es sich als sinnvoll, Gesprächsregeln zu vereinbaren, die für alle Teilnehmer gleichermaßen gelten.

Sie können die Gesprächsregeln in einer Sitzung gemeinsam mit den Besprechungsteilnehmern vereinbaren, damit sie von allen getragen werden. Hier einige Anregungen:

Diskussionsregeln

- Einander ausreden lassen
- Auf Nebengespräche verzichten
- Einander zuhören und aufeinander eingehen
- Unbehagen und Widersprüche offen ansprechen
- In „Ich"-Form sprechen
- Sich kurz fassen – keine Monologe!
- Beim Thema bleiben
- Andere Mienungen zulassen und respektieren

Aufgabenbezug verbessern

In vielen Besprechungen werden zwar Vereinbarungen über
das weitere Vorgehen getroffen, aber sie werden nicht richtig
festgehalten und erweisen sich dann oftmals als nicht verbind-
lich genug. Vor allem wenn Vereinbarungen nicht schriftlich
festgehalten werden, wird es mit großer Wahrscheinlichkeit
dazu kommen, dass verschiedene Auffassungen entstehen,
wer, was, wie und wann zu erledigen hat. Das geschieht auch
leicht, wenn im Laufe einer Besprechung mehrere Tagesordnungspunkte besprochen werden, ohne nach jedem Punkt die
Ergebnisse konkret zu benennen und sich zu vergewissern,
dass sie von allen Beteiligten so verstanden wurden und getragen werden.

Es ist deshalb sehr empfehlenswert, sichtbar festzuhalten, was
vereinbart wird, um so die Verbindlichkeit zu erhöhen und die
Grundlage für eine Erfolgskontrolle der Arbeit im Team zu ermöglichen. Am besten eignet sich ein Maßnahmenplan, ähnlich dem hier als Beispiel abgedruckten. Er lässt sich gut auf einem Flipchart entwickeln, was auch für die nebenstehend
angesprochenen Diskussionsregeln gilt.

Maßnahmenplan					
Was?	Wer?	Mit wem?	Ab wann?	Bis wann?	Sons-tiges

Führungsauftrag klären

In vielen Besprechungen ist der Vorsitz ungeklärt, insbesondere dann, wenn sich Mitarbeiter gleicher Hierarchieebene treffen. Das führt dann oft zu der Unklarheit, ob man jemanden wegen eines störenden Verhaltens (z.B. Monologisieren) ansprechen darf, und wer dies denn tun sollte. Besprechungen, in denen jemand die Rolle des Moderators übernimmt, sind häufig effektiver. Dazu ist es aber erforderlich, dass der Teilnehmer, der moderiert, für die Dauer der Besprechung auch bestimmte Rechte hat, mit denen er steuernd eingreifen kann und z.B. auf die Einhaltung der Diskussionsregeln verweisen kann. Erarbeiten Sie in Ihrer Besprechungsrunde Sonderregeln, die für den Moderator der Besprechung gelten und an die sich die übrigen Teilnehmer halten. Nachfolgend ein Beispiel:

Aufgaben des Besprechungsleiters

- Ist für Einladung und Organisation verantwortlich.
- Bestimmt den Protokollführer.
- Darf unterbrechen, wenn es die Situation erfordert.
- Achtet auf Einhaltung eines sachorientierten Diskussionsstils.
- Achtet auf die Einhaltung der Tagesordnung.
- Darf und soll steuernd eingreifen, wenn die Diskussion ineffektiv wird.
- Spricht erkennbare Störungen offen an.
- Unterbindet Nebengespräche.
- Kann sich aus der inhaltlichen Diskussion zurückhalten, um die Steuerungsaufgaben wahrzunehmen.

Methoden der Prozessoptimierung

Wenn Besprechungsteilnehmer sehr inhalts- und zielorientiert arbeiten, dann wird der Ablauf der Besprechungen nach einiger Zeit schnell zur Routine, d.h. Besprechungen werden oberflächlich, eigentlich notwendige Diskussionen bleiben aus, Langeweile tritt an die Stelle von Kreativität. Der Effekt ist umso stärker, je stabiler die Bedingungen sind (Ort, Teilnehmer, Themen). Am Ende jeder Besprechung bietet es sich deshalb an, eine kurze Erfolgskontrolle durchzuführen, die alle Beteiligten dazu auffordert, Stellung zu beziehen, wie zufrieden man ist, und was man verbessern könnte. Nutzen Sie dazu eine der bei Moderationen üblichen Methoden, bitten Sie zum Beispiel alle Teilnehmer zum Abschluss, sich in einem Raster wie dem folgenden (auf Flipchart vorbereiten) selbst mit einem Klebepunkt zu positionieren. Fällt das Ergebnis kritisch aus, dann gibt es Anlass, die Zusammenarbeit zu thematisieren.

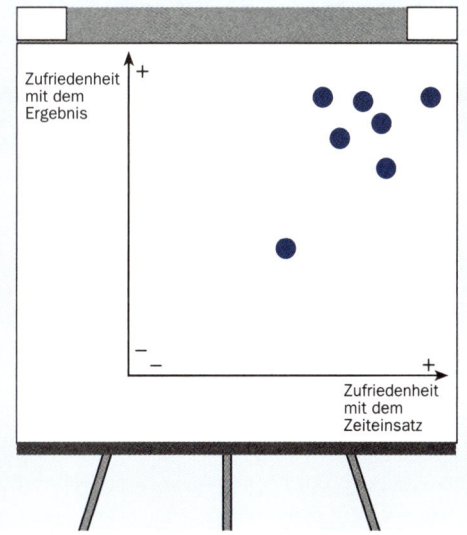

2.6 Die Zukunftswerkstatt

Eine Sonderform unter den Besprechungen zur Entwicklung innovativer Lösungen für Probleme stellt die Zukunftswerkstatt dar. Als Alternative zur konventionellen Besprechung wird sie als Workshop organisiert (mindestens ein Tag). Die Teilnehmer müssen bereit sein, sich auf kreative und strukturierte Weise der Lösung zu widmen. Dann ist die Zukunftswerkstatt gut geeignet, die kreativen Potenziale einer Gruppe zu kanalisieren und auszuschöpfen. Sie werden erkennen: In den Workshopphasen wird die Idee der Teamrollen umgesetzt.

Das Ablaufschema der Zukunftswerkstatt
Vorbereitung

Zu klären sind Dauer, Ort (störungsfrei, Möglichkeit zur Gruppenarbeit) und ob ein interner oder externer Moderator verpflichtet werden soll. Die Zukunftswerkstatt braucht ausreichend Moderationsmaterial. Die Gruppengröße sollte nicht unter 9 oder 10 Teilnehmern liegen. Die Teilnehmer werden auf die Idee des Workshops und der Methode vorbereitet. Eine Zukunftswerksatt lebt von der Arbeitsfreude und Kreativität der Teilnehmer. Da im Unternehmen das Tagesgeschäft oft unterbrechend wirkt, bietet sich eine externe Durchführung an.

Durführung in drei Arbeitsphasen

❶ Kritikphase – Einstieg anhand der Fragestellung (*Die Phase der Kontrolleure*)
- Vorgehen und Phasen erläutern,
- Kritik an bisheriger Lösung/Situation in Kleingruppen sammeln und sinnvoll zusammenfassen,
- Ergebnisse im Plenum vorstellen,
- Zusammenfassen und sortieren.

In dieser Phase sollen alle Kritikpunkte, Verstimmungen und Beschwerden geäußert werden. Der Moderator sammelt und strukturiert diese, um sie der späteren Bearbeitung zugänglich zu machen. Die Teilnehmer sollen den Kopf freimachen.

❷ Kreativphase – neue Lösungen entwickeln
(*Die Phase der Kreativen*)

◆ Vorbereitendes zu Kreativhemmern: Beurteilen, Besserwissen, Perfektionismus, Starrheit, Realismus
◆ Kreativität stimulieren: Fehler erlauben, Spinnen, Phantasie, Interesse und Offenheit, Ausprobieren
◆ Spiele und Übungen, um die Kreativität zu stimulieren
◆ Kleingruppenarbeit, Präsentation, Diskussion im Plenum
◆ Ansatzpunkte identifizieren

In dieser Phase sollen neue Ideen generiert werden, die Kreativität muss stimuliert werden. Wichtig sind passende Rahmenbedingungen. Kritische Kommentare sowie vorschnelle Urteile sind zu unterbinden. Ziel ist es, viele neue und teilweise unreife Ideen erst einmal gedeihen zu lassen.

❸ Umsetzungsphase – Auswahl ansprechender Ansätze
(*Die Phase der Macher*)

◆ Besprechen der Transferproblematik
◆ Bearbeitung der Lösungsansätze in Kleingruppen
◆ Erstellen von Umsetzungsplänen
◆ Vorstellung und Diskussion im Plenum

Jetzt sollten die realistischen Lösungsideen zu konkreten Maßnahmenplänen weiterverarbeitet werden. Wichtig ist, die Bedeutung der Ideenmasse der Phantasiephase zu würdigen, sie ist Voraussetzung für die Auswahl brauchbarer Lösungen.

Arbeitsvoraussetzungen

Ein Workshop, bei dem die Zukunftswerkstatt durchgeführt wird, kann nur erfolgreich verlaufen, wenn einige Grundsätze gelten und von allen Teilnehmern beachtet werden:

◆ Eine angstfreie und offene Arbeitsatmosphäre,
◆ Offenheit für neue Ideen und Impulse,
◆ Interesse an einer gemeinsamen Zusammenarbeit,
◆ hierarchiefreies Denken und Zusammenarbeiten und
◆ Moderationserfahrung beim Leiter/der Leiterin der Werkstatt.

Auf den Punkt gebracht:

Für Ihre erfolgreiche Teamführung
sind fünf Aspekte herausragend

◆ Koordination ist für die Teamführung unbestritten wichtig, aber Vertrauen und Sicherheit sind gleichberechtigt. Die Begründung liegt im Postulat, dass die Gruppenfaktoren nach TZI in Balance sein müssen.

◆ Der Teamleiter/die Teamleiterin darf das Team nicht nur nach innen leiten. Er/sie vertritt es auch nach außen und muss dafür sorgen, dass das Team die notwendigen Ressourcen erhält und angemessene Wertschätzung in der Organisation erfährt.

◆ Die Gesamtaufgabe der Teamleitung lässt sich damit zusammenfassen, dass es gilt, die Faktoren aus dem Teamdreieck (Einzelperson, Team, Arbeitsaufgabe) sowie das Umfeld optimal zu betreuen und zu integrieren und so die unabdingbare Balance zu halten.

◆ Fachkompetenz ist für Teamleiter/innen unverzichtbares Qualifikationsmerkmal. Sie wird aber vielerorts noch immer alleinig vorausgesetzt und darüber wird die ebenfalls unabdingbare Methoden-, Sozial- und Selbstkompetenz vernachlässigt. Beim Aufstieg in mehr Verantwortung bedeutet Fachkompetenz auch Kenntnis von Innovationen und Weiterentwicklungen in angrenzende Gebiete.

◆ Teams werden in hohem Ausmaße über Besprechungen geführt. Entsprechend detailliert muss die Kompetenz des Teamleiters hinsichtlich der Besprechungsführung sein.

3 Teamprozesse verstehen

Das Wesentliche zur Gruppendynamik

3.1 Phasen der Teamentwicklung

Das Modell der Teamphasen

Das Wissen um die dynamischen Prozesse in Gruppen hilft dem Teamleiter, die sozialen Gruppenprozesse besser zu verstehen und sein eigenes Führungsverhalten entsprechend diesem Wissen auszuwählen.

Man kann sich rein anschaulich vor Augen führen: Eine Gruppe von Menschen, die zusammenkommt, miteinander arbeitet, sich austauscht, Gemeinsames erlebt, erarbeitet sich über die Zeit eine wechselvolle Geschichte. Das Team entwickelt sich. Diese Entwicklung ist nicht beliebig, sondern die – systematischen und wissenschaftlich fundierten – Erfahrungen zeigen, dass man vier verschiedene und typische Phasen unterscheiden kann, in denen sich ein Team entwickelt.

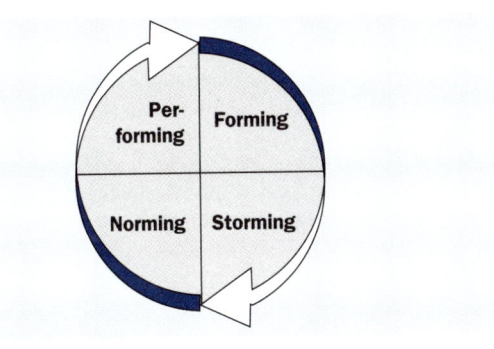

Phasen der Teamentwicklung

Da Teams jedoch lebendig sind, werden die Phasen nicht in einem mechanischen Takt durchschritten. Vielmehr halten sich unterschiedliche Gruppen mehr oder minder lange in einzelnen Phasen auf.

Forming – die Phase der Findung

Zu Beginn der Teamentwicklung besteht eine große Unsicherheit und Unklarheit der einzelnen Personen bezüglich der eigenen Verortung im Beziehungsnetz zu den anderen Personen. Persönliche Vorlieben und Eigenarten werden verständlicherweise zu völlig verschiedenen Strategien führen, wie jeder die Antwort zu der Frage klärt, in welcher Beziehung er zu der Gruppe steht.

Zum Aufbau von Sicherheit entsteht bald ein reger Austausch, in dem Werte, Meinungen, Erfahrungen, Wünsche usw. untereinander verglichen und erste Rollenansprüche innerhalb des Teams schemenhaft werden. Es geht dem Einzelnen darum herauszufinden, welches Verhalten akzeptiert ist.

Die anfängliche Freundlichkeit und Zugänglichkeit ist dabei zweckgebunden und deshalb oft brüchig. Für Individualität und tiefe Gefühle ist noch kein Raum. Gelingt es, größere Tiefe zu erzeugen, wechselt die anfängliche Zurückhaltung der Mitglieder zu größerer Offenheit.

Storming – die Phase der Grenzziehung

Die Hinbewegung auf die Teammitglieder und der Austausch führen bei den Teammitgliedern zu einer Klärung, wo Nähe angenehm ist und wo Distanz gewünscht wird. Netzwerke und Einflusssphären bilden sich aus, die Interaktionen sind nicht mehr gleich verteilt, sondern ausgewählter und zielgerichteter. Die Zurückhaltung weicht dem Impuls, die eigene Machtstellung in der Gruppe zu erproben und der Individualität Raum zu geben.

Das Team gewinnt Profil: Einzelne treten heraus, andere in den Hintergrund. Der Teamleiter wird genau beobachtet und bewertet. Sicherheit, Vertrauen werden durch ihn vorgelebt und geprägt. Ist er in der Lage, das Team zu führen? Wie gelingt ihm die Koordination der Prozesse und Einzelinteressen? Wie wird Kontrolle wahrgenommen und wie weit können die eigenen Grenzen gezogen werden?

Norming – die Phase der Kooperation

Wenn das Team durch die Phase der Grenzziehung gegangen ist, kann es sich auf die Aufgabe konzentrieren. Der Beitrag aller Mitglieder ist dazu erforderlich, aber auch Gegenstand der gemeinsamen Diskussion, um die Leistungsgrenzen des Teams kennen zu lernen und auszuloten. Idealerweise bildet sich in dieser Phase der gegenseitige Respekt und Zugehörigkeitsgefühl im Austausch und konstruktiven Dialog heraus. Erkennbar werden sprachliche und rituelle Eigenheiten, in denen das Team seinen individuellen Charakter ausbildet. Harmonie steht im Vordergrund. In dieser Phase formen sich die Lösungsstrategien und internen Regeln des Teams aus.

Performing – die Phase des Handelns

Geschlossenheit und gegenseitiger Kontakt sind die Kennzeichen in dieser Phase der Teamentwicklung. Verglichen mit der ersten Phase ist der Umgang untereinander hier zwanglos und natürlich. Man achtet den Beitrag der anderen und genießt das Aufgehobensein in der Gruppe. Dies drückt sich auch im Einsatz füreinander aus und in der Bereitschaft, im Zweifelsfall selber Einschränkungen hinzunehmen, insofern das Gesamtteam davon profitiert.

Die Gefahr in dieser Phase liegt darin, dass das Team sich zu sehr nach innen abschließt. Die Aufgabe besteht darin, sich im Organisationsgefüge zu vernetzen.

Übung

Positionieren Sie Ihre Gruppe mithilfe der Beschreibung in dem Modell der Teamphasen.

Tipp: Sie können das Modell der Teamphasen auch in einem internen Workshop nutzen, indem Sie

1. die einzelnen Teammitglieder auffordern, individuell eine Positionsbestimmung durchzuführen,
2. anschließend das Gruppenbild veröffentlichen und
3. gemeinsam erarbeiten, mit welchen Maßnahmen die Entwicklung in die folgende Phase konkret verwirklicht werden kann.

Ableitungen aus dem Phasenmodell der Teamentwicklung

◆ Der Weg von der Gruppe zum Team führt in jedem Fall durch unterschiedliche Phasen. Auch neu zusammengestellte Teams aus erfahrenen Mitarbeitern erleben diese Phasen.

◆ Eine Veränderung der Teamstruktur hat zur Folge, dass der bisherige Entwicklungsstand des Teams wieder in Frage gestellt ist und alle Phasen der Teamentwicklung erneut – und wahrscheinlich anders – durchlaufen werden.

◆ Teams entwickeln sich unterschiedlich. Es ist durchaus möglich, dass ein Team auf der Stufe des Storming oder Norming verharrt. Dann ist es wichtig, daran zu arbeiten, wie der nächste Schritt vollzogen werden kann.

◆ Die Entwicklung in der vorangehenden Phase beeinflusst die Entwicklungsmöglichkeiten in der darauffolgenden Phase. Der effektive Teamleiter wird deshalb den ersten beiden Phasen viel Aufmerksamkeit schenken.

◆ In der Formierungsphase der Gruppe sind klare Strukturen hilfreich, weil sie Sicherheit geben. Das primäre Interesse der Teammitglieder ist auf die Klärung der Sozialstruktur gerichtet.

◆ Der Teamleiter ist von Anfang an Vorbild für die sich entwickelnden Normen des Umgangs. Er ist in dieser Phase weniger Ziel der Aufmerksamkeit als in späteren Phasen, da der Einzelne auch noch wenig über die übrigen Teammitglieder weiß.

- In der Phase der Grenzziehung sind Konfrontation und Konflikte natürlich und deshalb nicht zu vermeiden. Dies bezieht sich sowohl auf den Umgang der Mitarbeiter untereinander als auch auf das Verhältnis zum Teamleiter.
- In der Stormingphase ist es für den Teamleiter wichtig, seine eigenen Grenzen und Ansprüche deutlich zu vertreten. Das gelingt nur, wenn er sich selber bereits damit auseinander gesetzt hat und nicht erst im Team darüber nachdenken muss.
- Zu Beginn des Norming kann der Teamleiter wach dafür sein, welche teamförderlichen Normen sich etablieren, um diese dann gezielt zu verstärken.
- In der Phase der Kooperation spielt die Harmonie eine große Rolle. Die Tendenz, Konflikte zu vermeiden und träge zu werden, steigt. Dies ist eine Herausforderung für den Teamleiter.
- In der Performingphase kann das Team sich sehr gut weiterentwickeln, wenn es für die kritische Selbstreflexion Raum hat.

3.2   Teamdynamik

Entscheidungsprozesse im Team

Wenn Menschen in einer Gruppe zusammenarbeiten, entfaltet sich eine eigene Dynamik, die Entscheidungsprozesse, Ideenfindung und Kreativität maßgeblich beeinflusst. Man sollte sich dieser Mechanismen bewusst sein, da sie erklären können, warum manche Teams erfolgreicher sind, wenn es darum geht, komplexe Probleme differenziert zu betrachten, angemessene Lösungen zu generieren oder Innovation zu produzieren. Experimentelle Untersuchungen aus der Sozialpsychologie belegen zahlreiche Prinzipien, die in Gruppen und Teams gesetzmäßig wirken. Ich stelle Ihnen einige davon vor und beschreibe, welche Konsequenzen Sie ziehen können, um die Qualität Ihrer Teamarbeit zu optimieren.

Vorsicht bei Gruppendiskussionen

Untersuchungen zum Verhalten in Gruppendiskussionen haben gezeigt, dass die Tendenz besteht, die Position, die man zu Beginn favorisiert, im Laufe der Diskussion zu verstärken. Man wählt also eine extremere Position in der eigenen Richtung nach der Diskussion. Dieser als Polarisierung bezeichnete Effekt gilt nur für Diskussionen, in denen die Gruppenmitglieder ähnliche Auffassungen vertreten.

In anderen Untersuchungen konnte man nachweisen, dass die Bereitschaft, sich bei der eigenen Entscheidung an den Urteilen anderer zu orientieren, steigt, wenn man in Anwesenheit der anderen Personen Entscheidungen trifft. Die Gruppe scheint dann eine Norm auszubilden, die dem Einzelnen als Orientierung dient. Beeindruckend ist, dass ein erheblicher Prozentsatz von Personen selbst dann das eigene Urteil dem der Gruppe anpasst, wenn es offensichtlich falsch ist.

Exkurs: Psychologisches Experiment

In einem einflussreichen Experiment von Asch aus den 50er-Jahren, das in der psychologischen Fachliteratur vielfach referiert wird, zeigte sich, wie Einzelpersonen sich Gruppenurteilen beugen, selbst wenn diese falsch sind.

Die Versuchspersonen mussten eine Musterlinie mit drei anderen Linien vergleichen. Die Aufgabe bestand darin, zu sagen, welche der drei Linien in der Länge der Musterlinie entspricht. In der Einzelsituation gelang ihnen das nahezu fehlerlos. In der eigentlichen Versuchssituation mussten sie dies laut und in Anwesenheit von mehreren anderen Versuchspersonen und nach diesen tun. Diese Versuchspersonen waren allerdings Komplizen des Versuchsleiters. Nach einigen Durchgängen, in denen die falschen Versuchspersonen korrekt antworteten, gaben sie einheitlich falsche Antworten.

Die Konfrontation mit den Falschurteilen veranlasste zahlreiche Personen dazu, das Eigenurteil dem der übrigen Personen anzupassen. Die Fehlerrate stieg insgesamt auf 37 % an. Nur 25 % der Versuchspersonen machten überhaupt keinen Fehler, 28 % machten acht und mehr Fehler (von 12 möglichen).

Quelle: Siehe „Stroebe" im Literaturverzeichnis auf Seite 6

◆ Werden im Team Entscheidungen getroffen, sollten die Teammitglieder ihre eigene Position vorab festlegen und in der Besprechung dann erst offen darstellen. Dadurch wird ein vorschnelles Gruppendenken vermieden und eine differenzierte und facettenreichere Sicht möglich.

◆ Der Teamleiter sollte ein Ohr dafür haben, dass bei Teamentscheidungen, bei denen das Team eine ähnliche Grundposition vertritt, der Effekt der Polarisierung nicht zu stark wird.

◆ Teamentscheidungen sollten auf guten Argumenten fußen und die Diskussionen auf der Basis faktisch belegbarer Argumente ablaufen. In einem guten Team besteht sonst die Gefahr, dass falsche Entscheidungen aufgrund von Konformitätsdruck entstehen.

Gruppenziele sind gut – oder doch nicht?

Hat sich das Team auf ein gemeinsames Ziel eingeschworen, dann richtet es seine Energie gebündelt darauf, dieses auch zu erreichen. Ein erstrebenswertes Ziel und ein richtiges Vorgehen, sollte man denken. Man kann aber feststellen, dass Gruppen, in denen die gegenseitige Abhängigkeit steigt, wenn eine Belohnung nur bei Erreichen eines gemeinsamen hohen Zieles winkt, deutlich höhere Konformität zeigen.

◆ Eine Aufgabe, die gegenseitige Abhängigkeit zur Zielerreichung belohnt, birgt die Gefahr, dass abweichende Meinungen und neue Ideen zurückgehalten werden oder gar nicht erst in Betracht gezogen werden.

◆ Kreativität und Reflexionsbereitschaft werden unter der Bedingungskonstellation hoher gegenseitiger Abhängigkeit und hoher Belohnung bei Zielerreichung sinken. Achten Sie als Teamleiter/in bewusst auf Phasen, in denen beide Aspekte Raum haben.

◆ Bei einfachen Aufgaben, die man alleine erreichen kann, wirkt Belohnung anders: Sie spornt eher dazu an, präzise zu arbeiten, als sich dem Gruppendruck zu beugen.

Expertenrat verführt

Experimente zeigen, dass unter der Ausgangsbedingung
- komplexe Aufgabe und
- relative Unsicherheit der einzelnen Personen

die Tendenz besteht, zu schnell dem Fremdeinfluss zu unterliegen und seine Meinung anzupassen. Allgemein gilt: Unter der Bedingung hoher Unsicherheit orientieren sich Menschen eher an dem, was andere tun. Hinzu kommt, dass Menschen eher bereit sind, ein Verhalten zu imitieren oder zu „folgen", wenn die Informationsquelle
- kompetent erscheint,
- vertrauenswürdig ist,
- unabhängig ist,
- selbstsicher handelt und Autorität ausstrahlt,
- Macht hat.

Einem so beschriebenen Einfluss folgt man im Übrigen nachhaltiger als einer Einflussnahme, die auf der Ausübung von Druck beruht.

FAZIT

◆ Als (neuer) Teamleiter in einem schwierigen Projekt macht man sich seine Führungsarbeit erheblich leichter, wenn man Gedanken darauf verwendet und sich coachen lässt, um kompetent, selbstsicher und vertrauenswürdig auf das Team zu wirken.

◆ Ist ein Team mit seinem Lösungslatein am Ende, kauft es sich manchmal Rat von außen ein. In dieser Situation sollte man besonders genau die eigenen Entscheidungsprozesse beachten: Erfolgt die Beurteilung des eingekauften Rates auf der Basis der beschriebenen sozialen Prozesse oder auf der Basis einer inhaltlichen kritischen Prüfung?

Wie Minderheitspositionen erfolgreich sind

Dass Mehrheiten Konformitätsdruck ausüben, ist wahrscheinlich keiner besonderen Bemerkung wert. Wie gelingt es aber Minderheiten, zum Beispiel Störern, Einfluss zu nehmen und Kollegen zu beeinflussen? Die entscheidenden Faktoren, mit denen das gelingt, sind:

- Die Meinung muss plausibel sein.
- Die Meinung muss standhaft und dauerhaft vertreten werden.
- Nachvollziehbare Argumente stärken den Einfluss.
- Ein rigides Diskussionsverhalten schwächt, ein zugängliches Verhalten stärkt die Einflussnahme.

Es zeigt sich, dass Minderheiten sehr wohl Veränderungen bei Mehrheiten bewirken können, dass die Wirkungen aber zeitverzögert wirksam werden.

◆ Nur Beharrlichkeit, gutes Argumentationsverhalten und offenes Diskussionsverhalten geben Minderheiten die Möglichkeit zur Einflussnahme. Störer, die sich so verhalten, werden das Team spalten.

◆ Minderheiten animieren Mehrheiten dazu, ihre eigene Argumentation tiefer auszuloten, differenzierter und aktiver zu prüfen. Zur Absicherung einer Gruppenentscheidung ist dies ein nützlicher Mechanismus.

◆ Die beschriebenen Wirkmechanismen sollte man als TeamleiterIn beachten, wenn man die Anliegen des Teams nach außen vertritt und dort aus der Minderheitsposition agiert.

Gleichheit erzeugt Konformitätsdruck

Sympathie oder allgemeiner die Tendenz, zur Gruppe dazugehören zu wollen, erhöht die Bereitschaft, sich der Gruppenmeinung anzupassen. Das Gleiche gilt, wenn man den Eindruck hat, den übrigen Teammitgliedern ähnlich zu sein.

◆ Insbesondere stark zusammengeschweißte Teams haben einen hohen Attraktivitätswert für Außenstehende. Gleichzeitig ziehen sie solche Personen an, die sich dem Teamdenken unterordnen. Die Folge: Abweichende Ideen haben keine Chance, die Innovation leidet.

◆ Kompetenz alleine sollte bei der Auswahl eines neuen Teammitglieds nicht allein entscheidend sein. Wenn ein ausreichendes Maß an Ähnlichkeit fehlt, dann sinkt die Bereitschaft dazugehören zu wollen und sich anzupassen.

> ◆ Der Wunsch, etwas korrekt zu machen und in den Augen der anderen Personen einen guten Eindruck zu hinterlassen, verstärkt die Neigung, sich der Gruppe anzupassen. Ob sich jemand in ein Team integriert, kann man also anhand dieser beiden Aspekte prüfen.

Selbstsichere Teammitglieder bringen Innovation – aber auch Konflikte

Personen, die sich selbst kompetent einschätzen und ein ausgeprägtes Selbstbewusstsein haben, beugen sich schwerer dem Meinungsdruck der Gruppe als Personen mit schwachem Selbstbewusstsein. Das Selbstbewusstsein bildet sich durch erfolgreiche Problembewältigung, Erfahrung und frühere Bestätigung aus. Bei erhöhter Aufgabenkomplexität und Unsicherheit bezüglich der Aufgabenlösung steigt bei beiden Personengruppen die Tendenz, sich der Mehrheitsmeinung oder einer kompetent erscheinenden Meinung anzupassen.

> **FAZIT**
>
> ◆ Die Erfahrung bestätigt, dass die „Aufmüpfigen" zwar oft unbequem sind, aber auch aufgrund ihrer Erfahrung und Kompetenz ein höheres Selbstbewusstsein haben.
>
> ◆ Die Teammitglieder durch bestärkendes Führungsverhalten und herausfordernde Aufgaben zu entwickeln, fördert ihr Selbstbewusstsein und damit ihre Bereitschaft, selbstständiger zu denken und neue Ideen zu vertreten. Manche Führungskraft fürchtet das – verstehen Sie warum?

Die Attraktivität und Glaubwürdigkeit der Vorbilder

Natürlich sind Belohnung und Bestrafung wichtige Faktoren, wenn es darum geht, das Verhalten zu beeinflussen.

Studien belegen aber, dass der Einfluss dann stabiler ist, wenn jemand sich mit einer Person identifiziert oder ihre Werte internalisiert. Identifikation ist das Bedürfnis, die Meinungen und Werte einer Person zu teilen. Internalisierung geht einen Schritt weiter. Hier verinnerlicht man die Meinung und Werte des Vorbilds. In diesem Fall werden externe Belohnung und Bestrafung unwichtig, das Vorbild muss nicht einmal anwesend sein.

Während Belohnung und Bestrafung auf Machteinsatz basieren, beeinflusst Attraktivität – im weit gefassten Sinne – entscheidend das Ausmaß der Identifikation. Glaubwürdigkeit, die sich aus Expertise und Vertrauenswürdigkeit zusammensetzt, entscheidet, wie stark Internalisierung stattfindet.

FAZIT

◆ Welche Art von Einfluss übt der Teamleiter aus? Basiert sein Einfluss stärker auf Belohnungs- und Bestrafungsmacht, auf Attraktivität oder auf Glaubwürdigkeit? Wenn es darum geht, Werte des Teams zu beeinflussen, scheint es sich zu lohnen, sich stärker damit zu befassen, wie man Vorbild wird.

◆ Wie ist die Konstellation des Teams? Welches Teammitglied ist informell ein Rollenvorbild und welche Werte lebt diese Person vor? Welche Phänomen des Teams lassen sich aufgrund dieses Teammitglieds erklären?

Exkurs: Psychologisches Experiment

In einem stark diskutierten Experiment von Milgram wurde geprüft, wie Einzelpersonen sich Autorität gegenüber verhalten.

Die Versuchspersonen sollten die Rolle eines „Versuchsleiters" übernehmen, der einer „Versuchsperson" elektrische Schocks verabreichen musste, wenn dieser falsche Antworten gab. Die Schocks reichten von 15 Volt bist 450 Volt und waren in ihrer Wirkung beschrieben (z.B. „intensiver Schock" bis 240-300 Volt). Mit jedem Fehler musste der Schock erhöht werden. Was die Versuchspersonen, die als „Versuchsleiter" eingeteilt wurden, nicht wussten: Die Schocks waren simuliert und die „Versuchspersonen" Komplizen des Experimentators. Sie machten zahlreiche Fehler, sodass die vermeintlichen Stromschläge rasch anstiegen und sie schrien laut vor Schmerzen. Bei 150 Volt verlangten sie den Abbruch und bei 300 Volt verstummten sie. Die „Versuchsleiter" zögerten zwar zunächst bei höheren Stromschlägen, wurden dann aber vom Experimentator knapp und kühl aufgefordert weiterzumachen. Weigerten sie sich, „übernahm der Experimentator die Verantwortung". Obwohl die meisten Versuchspersonen, die in der „Versuchsleiter"-Rolle waren, in einen inneren Konflikt kamen, verabreichten 62% der Personen die maximale Stärke von 450 Volt.

Quelle: Siehe Literaturverzeichnis auf Seite 6

Das optimale Team

Inhaltsebene und Beziehungsebene prägen die Interaktion zwischen Menschen. Das gilt natürlich auch für das Team. In einem optimalen Team sind sowohl die eine wie die andere Seite gestärkt. Hier sind für beide Bereiche Faktoren ausgewiesen, die auf der Inhalts- und Beziehungsseite in funktionierenden Teams beobachtet werden können. Es ist eine Führungsaufgabe, die Faktoren zu beachten.

Inhaltsseite

Zielorientierung: Das Team hat ein gemeinsames Ziel, für das zu arbeiten sich lohnt.

Vorgaben: Es gibt für jeden Aufgabenbereich Vorgaben, die erreichbar, messbar und allen Mitarbeitern bekannt sind.

Informationen: Entscheidungen, Besprechungen, Vereinbarungen etc. beruhen auf systematisch gesammelten Informationen.

Koordination: Es gibt eine systematische Koordination der Einzelaktivitäten im Team.

Kontrolle: Arbeitsergebnisse werden zu gegebener Zeit kontrolliert. Es ist nicht beliebig, was jeder Einzelne tut.

Reflexion: Die Arbeit wird von Zeit zu Zeit reflektiert. Was und wie man etwas tut wird kritisch hinterfragt.

Reorganisation/Innovation: Veränderten Rahmenbedingungen wird durch interne Anpassungen früh begegnet.

Regeln: Es gibt offene Regeln, die die Zusammenarbeit untereinander berechenbar machen.

Wettbewerb: Leistungsbereitschaft kann honoriert und belohnt werden. Es gibt einen fairen Ansporn zu Leistung.

Beziehungsseite

Unterstützung: Gegenseitige Unterstützung spielt bei der gemeinsamen Arbeitsbewältigung eine wichtige Rolle.

Freiräume: Der Einzelne hat Freiräume zur Entscheidung, mit denen er verantwortlich umgeht.

Zuhören und Fragen: Interesse aneinander kommt in fragendem und zuhörendem Verhalten sichtbar und hörbar zum Ausdruck.

Gemeinsamkeiten: Es gibt erkennbare Gemeinsamkeiten in den Interessen und Vorstellungen insbesondere in Bezug auf das Ziel.

Vertrauen: Es herrscht ein stillschweigendes Vertrauen darüber, dass grundlegende persönliche Grenzen nicht überschritten werden. Werte: Die Werte der Zusammenarbeit sind am Menschen orientiert. Die Härte des Marktes führt nicht zur Verrohung.

Grenzen: Grenzen und Abweichungen des Einzelnen werden respektiert und geschützt.

Rituale: Es gibt verbindende und vereinende Rituale und Traditionen. Sie werden authentisch gelebt.

Auf den Punkt gebracht:

Man weiß es, aber man vergisst es in Praxis und Tageshektik nur zu oft: Gruppen funktionieren nicht automatisch sofort, sobald sie sich konstituiert haben. Und sie entwickeln bekanntlich ihre eigene Dynamik, die viel Kraft entfalten, aber auch Ergebnisse verfälschen kann.

◆ Gruppen durchlaufen nach ihrer Konstitution die Phasen des Forming, Storming, Norming und Performing. Erst ab dem Norming erfolgt die Konzentration auf die Aufgabe.

◆ Für die Praxis wichtig: Ändert sich die Gruppenzusammensetzung, beginnt der Prozess von vorne. Das sollte man bei Fluktuationen bedenken. Umgekehrt besteht in festgefahrenen Situationen die Chance, über die geschickte Wahl von Arbeitsmethoden wieder in Gang zu kommen.

◆ Eine ungünstige Gruppendynamik bewirkt, dass Gruppenklima, Gruppenmeinung oder Gruppendruck abweichende positive Beiträge von Individuen verloren gehen lassen. Positive Beiträge einzelner selbstbewusster und innovationsfreudiger Teammitglieder, die sich weniger dem Gruppendruck unterordnen, können mittelfristig fruchtbare Konflikte auslösen.

4 Diagnose von Teamkonflikten

Störungen (rechzeitig) erkennen

4.1 Konflikte verstehen

Konfliktursachen erkennen

Konflikte im Team können viele Gesichter haben. So vielgestaltig und individuell auch ihr Ausdruck ist, man kann doch eine Reihe häufiger wiederkehrender Ursachen ausmachen.
In der Praxis ist kaum nur eine Ursache allein der Konfliktauslöser. Gehen Sie eher von einem „bunten" und reichhaltigen Bündel verschiedener Ursachen aus.

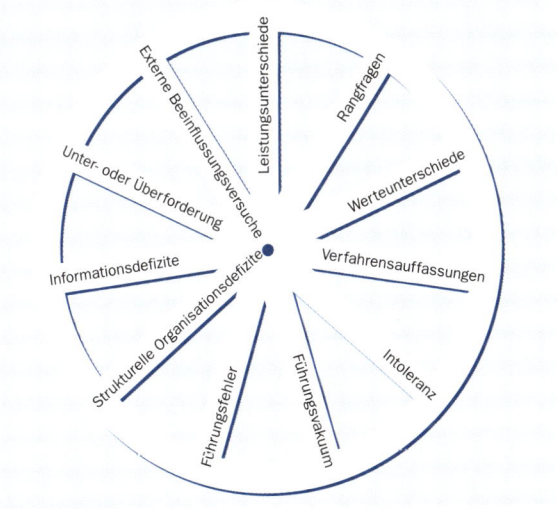

Konfliktursachen

Wenn Sie sich mit dieser Liste der Konfliktursachen, die im Folgenden noch näher erörtert werden, vertraut gemacht haben, können Sie bei bestehenden Spannungen gezielter prüfen, welche Faktoren in einem konkreten Fall des Konflikts in Ihrem Team zusammenkommen. Daraus ergibt sich ein differenziertes, oftmals leider auch hochkomplexes Gemisch, das den Konflikt ausmacht.

Am Ende dieses Abschnitts 4.1 zeige ich an einem Beispiel, wie ein Netzwerk der zuvor einzelnen erörterten Konfliktursachen aussehen kann. Wenn Sie ein solches Netzwerk mit gegenseitigen Abhängigkeiten für Ihr Team aufgezeichnet und dabei Schritt für Schritt die in diesem Abschnitt vorgestellten Konfliktursachen berücksichtigt haben, werden Sie ein tiefer gehendes Verständnis für konkrete Konfliktsituationen bekommen.

Leistungsunterschiede

In nahezu jedem Team gibt es Personen, die engagierter, fähiger, schneller, fehlerfreier, kreativer ... dazu beitragen, das Gruppenergebnis zu erreichen.

Solche Leistungsvorsprünge werden von den betreffenden Personen als eine Legitimation erlebt, Vorteile gegenüber den anderen Gruppenmitgliedern zu genießen. Die Teamleiterin/ der Teamleiter steht aber in dem Spannungsfeld, alle gleich zu behandeln oder besondere Leistungen, die oft gar nicht nicht messbar oder nicht direkt vergleichbar sind, zu belohnen. Zwanghafte Gleichbehandlung führt dabei genauso wenig zu konstruktiver Zusammenarbeit wie eine unberechenbare oder überdifferenzierte Belohnung besonderer Fähigkeiten und Leistungen.

> Als Teamleiter/in muss man die Spannung ständig neu austarieren, die zwischen dem Herausheben Einzelner durch Belohnung und dem außer Acht-lassen von besonderen Leistungen und Fähigkeiten durch Gleichbehandlung besteht.

Rangfragen

Personen, die länger im Team sind, genießen einen höheren Rang. Unabhängig von der realen Arbeitsleistung existiert ein Bedürfnis, dass Personen mit längerer Teamzugehörigkeit auch besonders be- und geachtet werden müssen. Diese soziale Mechanik haben schon viele erlebt, die frisch in ein Team gekommen sind und zunächst einmal „Proben" bestehen mussten, bevor sie als gleichberechtigte, vollwertige Mitglieder der Gruppe aufgenommen wurden.

In vielen Teams wird die Dauer der Zugehörigkeit und der damit verbundene Rang oft nicht beachtet. Etwa wenn ein junger Teamleiter einer Gruppe vorgesetzt wird, in deren Reihen ältere Kollegen sind, die Arbeit und Unternehmen bereits unendlich viel länger kennen. Aber:

> Ältere und erfahrene Kolleginnen und Kollegen müssen besonders eingebunden werden, wenn Konflikte vermieden werden sollen.

Werteunterschiede

Menschen unterscheiden sich darin, welche Werte sie am höchsten schätzen. Werte wie Sicherheit, Ehrlichkeit, Karriere, Qualität prägen die Vorstellungen darüber, wie Arbeiten ausgeführt werden sollten und wie man miteinander umgeht. Legt ein Teil der Mitarbeiter beispielsweise Wert auf Qualität, während anderen eine hohe Arbeitsgeschwindigkeit wichtiger ist, lässt sich vorhersagen, dass Arbeitssituationen auftreten, in denen das Erreichen beider Ziele im Widerspruch zueinander steht.

> Bereits bei der Personalauswahl sollte daher mit großer Sorgfalt auf zusammenpassende Werthaltungen zukünftiger Teammitglieder geachtet werden.

Wenn „die Chemie stimmt", dann stimmen meist grundlegende Werte überein. Dieser Aspekt ist wichtig, weil es mühsam ist, Werthaltungen zu verändern.

Verfahrensauffassungen

Menschen unterscheiden sich auch hinsichtlich ihrer grundlegenden Auffassung, wie man bei der Arbeitserledigung verfahren sollte. Dies betrifft Fragen, wie man vorgehen sollte, was in welcher Reihenfolge erledigt werden sollte, was Priorität hat oder wer für etwas zuständig ist.

> Verfahrensfragen sind in Teams oft Auslöser von Konflikten. Sie treten immer dann auf, wenn Unklarheiten bestehen oder Werthaltungen sich unterscheiden. In beiden Fällen ist der Teamleiter gefordert.

Intoleranz

Das Maß der Toleranz gegenüber Andersartigkeit ist in Teams unterschiedlich stark ausgeprägt. Grundsätzlich profitieren Teams durch die unterschiedlichen Kompetenzen einzelner Mitglieder, weil Synergien entstehen können. Das Dilemma besteht darin, dass Teammitglieder einerseits dann schneller integriert und akzeptiert werden, wenn sie als ähnlich zur Gesamtgruppe erlebt werden. Andererseits bereichern Abweichungen und Besonderheiten neuer Teammitglieder das Spektrum der Gesamtteamkompetenz. Das setzt allerdings Toleranz voraus.

In den vorangegangenen Abschnitten ist wiederholt darauf hingewiesen worden, dass der Teamleiter ein schlagkräftiges Team formen kann, wenn es ihm gelingt, die Stärken der Teammitglieder zu entfesseln.

> Gelebte Akzeptanz und Toleranz der Andersartigkeit ist dazu eine wesentliche Voraussetzung, die sich auch auf das Team überträgt.

Führungsvakuum

Füllt die Führungskraft die eigene Rolle nicht aus, sodass ein Führungsvakuum entsteht, dann hemmt dies den reibungslosen Arbeitsverlauf. Fehlende Führung zwingt die Gruppe zu einem

Ausgleich. Führungsfragen wie Entscheidungsfindung, Ressourcenverteilung, etc. können nicht unbeantwortet bleiben, wenn die Arbeit erledigt werden muss. Also muss die Gruppe eine Antwort darauf finden.

> Die Folge eines Führungsvakuums ist immer, dass Teammitglieder ohne Legitimation Ersatzführung übernehmen, oder auf mehr oder weniger bewusste Art und Weise das Führungsdefizit zum Ausdruck bringen.

Spannungsgebendes Führungsverhalten

Organisationskulturen, in denen die Führungsmittel Sanktion und Lob nicht genutzt werden, oder in denen wichtige Entscheidungen verschoben werden, Fehler nicht veröffentlicht werden können, ohne unangemessen hohe Sanktionen befürchten zu müssen, sind der Nährboden vielfältiger innerbetrieblicher Konfliktkulturen. Eine intransparente Informationspolitik, Ungerechtigkeit in dem Sinne, dass Einzelne Sonderrechte genießen, Inkonsequenz oder Konfliktvermeidung sind weitere Beispiele für Führungsverhalten, das Spannungen im Team verursacht. Ein Team reagiert auf Fehlverhalten des Teamleiters in der Regel durch innere Spannungen. Symptome wie fehlende Motivation, Leistungsverweigerung, Dienst nach Vorschrift sind Reaktionen auf Führungsschwächen in einem System.

> Die Ursache liegt aber nicht immer beim Teamleiter. Solches Problemverhalten ist oft ein Symptom für Führungsschwäche auf höheren Ebenen der Organisation.

Strukturelle Organisationsdefizite

Strukturelle Organisationsdefizite sind oft über lange Zeit gewachsen. Produkte, Märkte, Prozesse, Strukturen und Akteure haben sich geändert, und irgendwann hat sich irgendwie das harmonische Zusammenspiel dieser Faktoren verstimmt. So entwickelt es sich dann, dass dringende Restrukturierungen und Reorganisationen ausbleiben, die für die effektive und effiziente Aufgabenbewältigung notwendig wären. Das führt dann zu Spannungen zwischen Abteilungen, zwischen Unternehmen und Kunde. Die Folge ist Frustration im Team.

Solchen strukturellen Organisationsdefiziten steht ein Teamleiter meist machtlos gegenüber. Sie müssten auf viel höherer Ebene und in viel breiterem Ansatz gelöst werden.

Informationsdefizite

Informationsdefizite sind häufig die Ursache von Konflikten im Team. Dabei gilt, dass sowohl die Art der Defizite als auch die Art der Konflikte äußerst vielfältig sein kann. Hier einige Spielarten:

◆ Informationen können zu spät, unvollständig, verzerrt, falsch, gar nicht in eine Arbeitsgruppe gelangen, sodass das Arbeitsergebnis darunter leidet. Das führt früher oder später zwangsläufig zu Konflikten innerhalb des Teams oder zwischen dem Informationslieferanten und -empfänger.

◆ Teamleiter nehmen die Aufgabe, das Team mit Informationen zu versorgen, nicht ernst genug oder horten aus machtpolitischem Kalkül Informationen. Früher oder später gelangen dann Informationen auf anderem Weg ins Team – die Führungskraft verliert das Gesicht und es entsteht ein Team-Teamleiterkonflikt.

◆ Innerhalb des Teams werden Informationen, die für Kollegen wichtig sind, aus strategischen Gründen vorenthalten, verheimlicht oder verzerrt, um egoistische Positionen zu sichern. In diesem Fall stellt sich natürlich auch die Frage, ob die Informationsdefizite Ursache sind oder Ausdruck anderer unterschwelliger Konflikte.

Unter- und Überforderung

Wenn Mitarbeiter nicht entsprechend ihrer Leistungsfähigkeit gefordert werden, führt dies auf Dauer zu Frustrationen. Dies gilt einerseits für Unterforderungen: In diesem Fall folgt Langeweile. Nutzt ein Mitarbeiter diese für sich, ist er produktiv – aber leider nicht für das Team und das Unternehmen. Nutzt er andererseits die Langeweile für destruktive Beschäftigungsspiele, die er natürlich nicht offen spielt, schädigt er das Unternehmen. In beiden Fällen jedoch sind Konflikte vorprogrammiert. Während bei Überforderung von Mitarbeitern die Probleme und daraus resultierende Konflikte rasch offen zutage treten, ist es schwerer erkennbar, wenn Konflikte, auf Unterforderung von Mitarbeitern zurückzuführen sind. Es ist nämlich relativ leicht, Unterforderung zu erkennen, weil Mitarbeiter dies in der Regel sogar ansprechen oder deutliche Signale senden.

> Reagiert aber ein Vorgesetzter nicht, ist er in der Regel auch nicht sensibel zu erkennen, dass Unterforderung eine Konfliktursache darstellt.

Externe Beeinflussungsversuche

Teams sind keine geschlossenen Systeme. Ganz im Gegenteil befinden sich alle Personen eines Teams im ständigen Austausch mit anderen Menschen außerhalb des Teams und der Organisation. Oft bestimmen externe Einflüsse (Freunde, Bekannte, Familienangehörige) Aktionen innerhalb des Teams.

> Solche Einflüsse sind nicht nur unvermeidbar, sie sind vielfach auch wertvoll.

Das kehrt sich um, wenn externe Beeinflussungsversuche Konflikte innerhalb des Teams entfachen. Beispielhaft sind soziale Vergleiche, in denen ein „guter Bekannter" beim Bier immer wieder bildreich erzählt, welch tolle Vergünstigungen es in seinem Unternehmen gibt, welche Freiheiten sein Chef einräumt, wie viel er mehr verdient ... Ungeprüft übernommen laden sie die kritische Wahrnehmung der Person auf und forcieren so Konflikte. Es gibt immer wieder Personen, die Interesse daran haben, andere aufzustacheln. Oft handelt es sich um jemanden, der ehemals im Team oder Unternehmen tätig war und im Team Verbliebene für seine Rache instrumentalisiert.

4.2 Vernetzung von Konfliktursachen

In der folgenden Darstellung eines Fallbeispiels ist eine Konfliktsituation dargestellt, in der Sie erkennen können, wie verschiedene Konfliktursachen zusammen- und ineinanderwirken. Solche Netzwerkdiagramme sind hilfreich, wenn man die Dynamik und Verflechtung von Konflikten besser verstehen möchte. Sie schaffen einen differenzierten Blick und die Voraussetzung, passgenaue Konfliktlösungen zu planen.

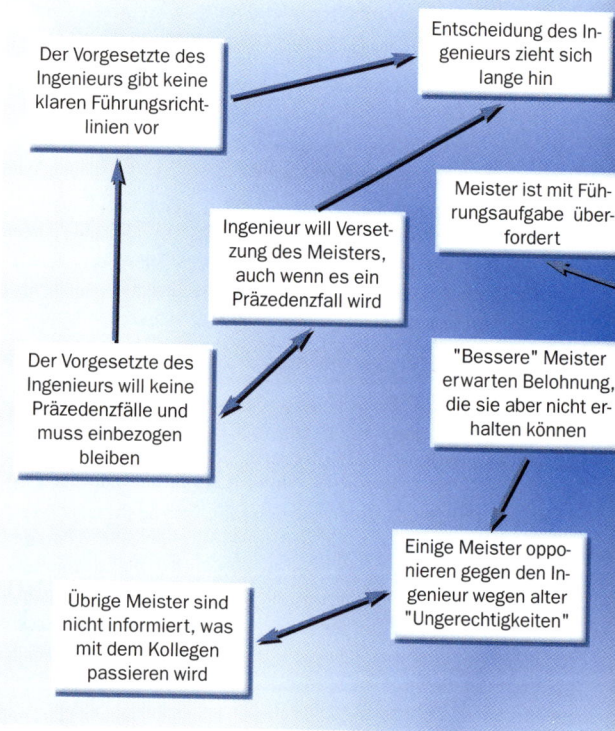

Fallbeispiel – die Situation

Ein Ingenieur hat Schwierigkeiten mit einem Meister, dem er vorgesetzt ist. Grund dafür sind Spannungen im Handwerkerkreis, für die der Meister verantwortlich ist. Der Ingenieur muss handeln, denn der Meister ist als Führungskraft in seiner jetzigen Position nicht haltbar. Der Ingenieur selber hat einen Vorgesetzten, der Konflikte scheut und vermeiden möchte, in der Organisation aufzufallen.

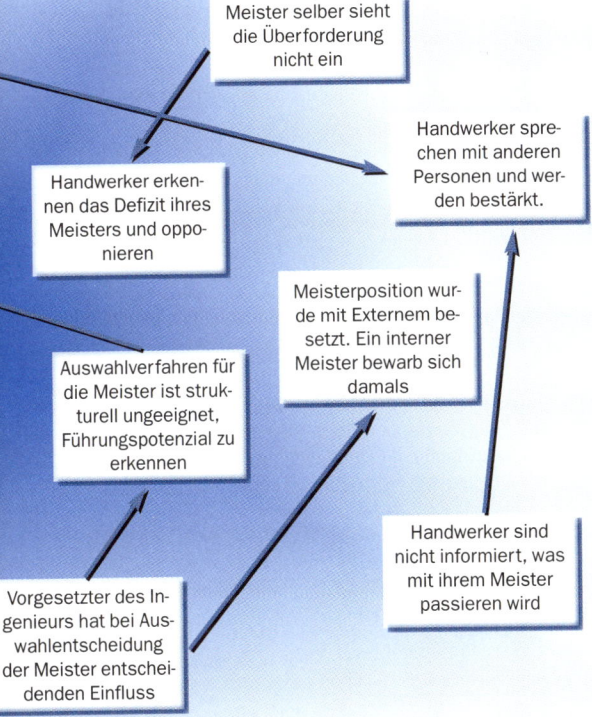

Meister selber sieht die Überforderung nicht ein

Handwerker sprechen mit anderen Personen und werden bestärkt.

Handwerker erkennen das Defizit ihres Meisters und opponieren

Meisterposition wurde mit Externem besetzt. Ein interner Meister bewarb sich damals

Auswahlverfahren für die Meister ist strukturell ungeeignet, Führungspotenzial zu erkennen

Handwerker sind nicht informiert, was mit ihrem Meister passieren wird

Vorgesetzter des Ingenieurs hat bei Auswahlentscheidung der Meister entscheidenden Einfluss

Fallbeispiel – Anmerkungen

Das Beispiel zeigt, was man in der Praxis in der Regel antrifft: Die Grenzen eines Konflikts sind schwer zu ziehen. Es ist eher die Regel als die Ausnahme, dass der sichtbare Konflikt Teil eines verwobenen Konfliktteppichs ist. Im gegebenen Beispiel lassen sich mindestens folgende Konflikte erkennen:

◆ Konflikt: Ingenieur – Meister, Meister überfordert,

◆ sich anbahnender Konflikt: übrige Meister – Ingenieur,

◆ Konflikte zwischen den Meistern wegen Leistungsunterschieden,

◆ Konflikt des beschriebenen Meisters mit seinen Handwerkern,

◆ unklare Situation Ingenieur und Handwerker des beschriebenen Meisters, hier ist Konfliktpotenzial wegen Entscheidungsverzögerung des Ingenieurs vorhanden,

◆ Konflikt Ingenieur – sein Vorgesetzter,

◆ schwelender Konflikt Vorgesetzter – übrige Meister wegen Informations- /Entscheidungspolitik, Auswahlverfahren,

◆ struktureller Konflikt, weil Leistungen nicht honoriert werden können.

Das macht das Dilemma der Praxis verständlich. Konflikte werden oft spät thematisiert. Man wartet. An einem Faden zu ziehen bedeutet in der Regel nämlich, am ganzen Teppich zu zerren. Nicht zu handeln – in der Hoffnung, dass sich einiges von selbst löst – führt aber häufig zu einer noch schwierigeren Situation, was einen noch mehr davon abhält, zu handeln, was … usw. Irgendwann kommt man nicht umhin einzugreifen. Wie, das besprechen wir in den folgenden Kapiteln.

Übung

Analysieren Sie einen Konflikt Ihrer Praxis, indem Sie ihn auf die oben vorgestellten Konfliktursachen hin analysieren. Zeichnen Sie Pfeile ein, um Beziehungen der Konfliktursachen untereinander sichtbar zu machen.

4.3 Konflikte ansprechen – Kritik kompetent äußern

Hat man einen Konflikt erkannt, wird man irgendwann gezwungen sein, anzusprechen was stört. Dazu ist ein kompetentes Kritikverhalten nach beiden Seiten hilfreich – gut mit Kritik umgehen können, die man erhält und Kritik so zu äußern, dass der Angesprochene damit umgehen kann.

Zum Umgang mit Kritik

Hören Sie sich die Kritik erst einmal an

Unterbrechen Sie nicht, wenn jemand Kritik äußert. Bemühen Sie sich, seine Sicht erst einmal anzuhören und zu verstehen. Das bedeutet noch nicht, dass man die Kritik kritiklos anerkennt. Man versteht aber besser, was man voneinander denkt.

Nehmen Sie die Kritik als Anregung, nicht persönlich

Kritik bezieht sich auf Verhalten. Auch wenn der Andere sie sehr direkt geäußert hat, liegt es bei Ihnen, wie Sie damit umgehen. Nehmen Sie sie als Anregung, spezifisches Verhalten zu ändern. Fühlen Sie sich nie als Gesamtperson in Frage gestellt.

Entscheiden Sie selbst, was Sie annehmen

Menschen mögen sich das Recht nehmen, Verhalten anderer zu kritisieren. Das bedeutet nicht, dass man jede Kritik vorbehaltlos annehmen muss. Es liegt bei jedem selbst, erst innezuhalten und zu prüfen, was man annehmen möchte und was nicht.

Bestimmen Sie, wann Sie reagieren

Manche neigen dazu, unmittelbar zu reagieren. Vorschnelle Reaktionen verschärfen aber vieles. Entscheiden Sie, ob Sie sofort oder nach Bedenkzeit reagieren möchten. Dies offen anzusprechen zeigt kompetenten, mutigen Umgang mit Kritik.

Vermeiden Sie den ausgleichenden Gegenschlag

Oft setzen Personen zum Gegenschlag an, unmittelbar nachdem sie kritisiert wurden. Das führt dann schnell zur Eskalation der Situation, weil auch der andere sich genötigt fühlt, erneut gegenzuhalten. Es mag schwer sein, wirkt aber deeskalierend, wenn man Kritik nicht sofort mit Gegenkritik kontert.

Kritik äußern

Bleiben Sie bei einer konkreten Situation

Wenn man bei einer konkreten Situation bleibt, in der ein kritisches Verhalten gezeigt wurde, hat man einen Bezugspunkt, auf den der Gesprächspartner sich beziehen muss. Das verringert die Gefahr zu verallgemeinern oder auszuweichen.

Beschreiben Sie erst das konkrete Verhalten

Widerstehen Sie der Versuchung, das Verhalten des Anderen als nachlässig, beleidigend, unverschämt oder wie auch immer zu beurteilen. Beschreiben Sie hingegen so weit wie möglich das Verhalten, indem Sie sagen, was Sie beobachtet haben.

Sprechen Sie in Ich-Form aus, wie etwas auf Sie wirkt

Benutzen Sie das Ich, wenn Sie beschreiben, wie das Verhalten des Anderen auf Sie wirkt. Beispielsweise: „Ich werde in diesem Ton nicht mit Ihnen sprechen." Das ist besser als die vorwurfsvolle Sie-Form oder die verallgemeinernde Man-Form.

Äußern Sie Ihre Kritik rechtzeitig

Konflikte eskalieren umso leichter, je länger man damit wartet, seine Kritik zu äußern. Äußert man Kritik hingegen frühzeitig, kann man leichter bei der konkreten Situation bleiben und Verallgemeinerungen vermeiden.

Äußern Sie Erwartungen, Wünsche oder Alternativen

Teilen Sie dem Gesprächspartner mit, was Sie von ihm erwarten. Oft wird nur darüber gesprochen, dass man eine Änderung vom Anderen erwartet. Wenn der Gesprächspartner aber keine Vorstellung davon hat, welche Alternative man sich wünscht, sollte man ihm diese darstellen, damit er weiß, wohin die Veränderung zielen soll.

4.4 Eskalationsstufen im Konflikt

Im vorangegangenen Abschnitt 4.1 haben Sie ein Verfahren und eine Visualisierungmöglichkeit kennen gelernt, wie Sie die Komplexität eines Konfliktes besser verstehen und abbilden können. Dadurch sind Sie gewappnet, voreilige Schlüsse und Ad-hoc-Reaktionen zu vermeiden. Wenn Sie sich die Zeit nehmen, auf diese Weise einen differenzierteren Blick auf Ihre Konfliktsituationen zu werfen, werden Ihnen sicher mehrere Ansatzpunkte ins Auge fallen, wo Sie ansetzen können, um die Konfliktlösung zu erreichen. Gespräche als Konfliktlösungsstrategie sind zwar häufig angezeigt, aber nicht immer das Mittel der Wahl. Nur wer eine profunde Konfliktanalyse betrieben hat, schafft die Ausgangsbasis, flexibel in der Wahl des Lösungsweges zu sein.

Übung

Konfliktlösungsideen suchen

Sehen Sie sich noch die Abbildung mit dem Konfliktursachen-Netzwerk (S. 78/79) an und suchen Sie für das Fallbeispiel mehrere Lösungsideen, wo der Ingenieur ansetzen könnte, um den bestehenden Konflikt zu lösen.
Ähnlich wie beim Brainstorming geht es geht zunächst einmal darum, überhaupt Ideen zu entwickeln. Eine Bewertung erfolgt dann später.
(Am Ende des vorliegenden Abschnitts erhalten Sie einige mögliche Lösungsvorschläge.)

Die Eskalationsstufe bestimmt das Vorgehen

Die Wahl der passenden Lösung eines Konfliktes muss in Abhängigkeit davon getroffen werden, wie weit ein Konflikt eskaliert ist. Der Eskalationsgrad eines Konfliktes schließt bestimmte Lösungsalternativen von vornherein aus und kann Hinweise darauf geben, wer einen Konflikt im Idealfall lösen sollte.

Glasl (1998, vgl. Literaturverzeichnis) unterscheidet neun verschiedene Eskalationsstufen, auf denen sich ein Konflikt befinden kann. Das Modell ist auf der gegenüberliegenden Seite dargestellt.

> Der Übersichtlichkeit halber und um ein praktikables Modell zur Verfügung zu haben, können Sie sich die drei Hauptphasen, einprägen:
> – „Vom Wort zur Tat",
> – „Ich bin gut und du bist böse",
> – „Koste es was es wolle".

Das Modell der Konfliktstufen fordert dazu auf, sich Rechenschaft über die Tragweite eines Konfliktes zu geben. Es bietet dann konkrete Entscheidungshilfe, wie man eingreifen kann. Grundsätzlich kann sich ein/e Teamleiter/in fragen, ob er/sie selbst aktiv werden oder auf externe Hilfe zurückgreifen soll. In der Hauptphase „Ich bin gut und Du bist böse" sollte man eher auf einen externen Prozessbegleiter zurückgreifen. Warum? Weil der Teamleiter in Führungsverantwortung steht, kann er den Prozess nicht neutral begleiten, erforderliche emotionale Offenheit thematisieren oder konfrontierende persönliche Interventionen vornehmen. Hier würden sich die Rollen Führung und Helfer ungünstig vermischen. Das würde bereits im Prozess zu eingeschränkter Offenheit führen.

Übung

Eskalationsstufe einordnen

Um sich mit dem Eskalationsmodell besser vertraut zu machen, können Sie erneut den Konfliktfall des Ingenieurs (Fallbeispiel S. 79) zur Hand nehmen.
Wir betrachten hier nur den Konflikt zwischen dem Ingenieur und seinem Meister. Entscheiden Sie, auf welcher Eskalationsstufe sich dieser isolierte Konflikt befindet.

Drei Hauptphasen der Konflikteskalation

Motto	„Vom Wort zur Tat"	„Ich bin gut und du bist böse"	„Koste es was es wolle"
Charakteristika	**1. Verhärtung** • sachbezogen • Gespräche	**4. Gut-Böse-Denken** • Gewinn oder Verlust • Selbstübersteigerung und Fremdabwertung	**7. Begrenzte Vernichtung** • begrenzte Schläge zum Schaden des Anderen • Verdinglichung: Menschen werden nicht mehr berücksichtigt
	2. Debatte • rohere Gespräche • fixe Positionen	**5. Gesichtsverlust** • Fanatisierung Unterschiede • Destruktion des Images	**8. Zersplitterung** • Angriffe auf „Nervenzentrum" • Sabotage des Fremdsystems
	3. Taten • vollendete Tatsachen statt Gespräche • Abgrenzungen	**6. Drohen** • Drohungen • Schüren von Ängsten	**9. Koste es was es wolle** • totale Konfrontation • Selbstvernichtung wird in Kauf genommen
Kennzeichnende Strategie	**Win-win** Beide Seiten haben Chance zu gewinnen	**Win-lose** Eigene Seite soll gewinnen, Gegenseite soll verlieren	**Lose-lose** Verluste Gegenseite werden um Preis eigener Verluste einkalkuliert
Wie greift man ein?	Moderation	Prozessbegleitung	Machteingriff
Wer greift ein?	Interner o. externer Moderator	Externer Prozessbegleiter	Interner Vorgesetzter

Konfliktstufen nach Glas

Lösungsvorschlag zur Übung: Eskalationsstufe einordnen

Die Situation zwischen Ingenieur und Meister lässt sich im Eskalationsmodell noch in der ersten Hauptphase verorten. Die Situation liegt zwischen Eskalationsstufe zwei und drei. Damit ist eine gegenseitige Gewinnsituation noch gegeben und die Lösung in einem moderierten Gespräch sinnvoll. Für den isolierten Teilkonflikt zwischen Ingenieur und Meister bietet sich ein interner oder externer Moderator an. Die Beschreibungen des Vorgesetzten legen aber aus mehreren Gründen nahe, eher auf einen externen Moderator zurückzugreifen. Der Vorgesetzte ist im Konfliktnetz involviert, was ihn befangen macht. Er wird wahrscheinlich dazu neigen, Konflikte nicht offen anzusprechen und schnell eigene Vorschläge einzubringen. Wichtig für eine Lösung wäre es aber, den Austausch zwischen Ingenieur und Meister zu begleiten, damit die Versetzungsentscheidung des Ingenieurs transparent wird und der Meister eine Möglichkeit findet, sein Gesicht in der Organisation zu wahren.

Sie werden sicher bemerken, dass dieser Lösungsweg voraussetzt, dass der Vorgesetzte des Ingenieurs diese Lösung mitträgt.

Lösungsvorschlag zur Übung: Konfliktlösungsideen suchen

◆ Der Ingenieur könnte mit seinem Vorgesetzten sein Dilemma (Präzedenzfall vermeiden – Handlungsdruck) erörtern.

◆ Der Ingenieur könnte abwarten und hin und wieder bei seinem Vorgesetzten die Spannungssituation anschneiden, um diesen zu bewegen, von sich aus auf den Präzedenzfall zu drängen.

◆ Der Ingenieur könnte einfach Fakten schaffen und eine Entscheidung fällen, die nicht mehr umkehrbar ist.

◆ Der Ingenieur könnte bewusst daran arbeiten, die übrigen Meister auf seine Seite zu bekommen.

◆ Der Ingenieur könnte direkt oder indirekt Informationen streuen, die seine missliche Lage und Entscheidungsverzögerung bekannt machen.

◆ Der Ingenieur könnte ein Gespräch mit dem betroffenen Meister führen, das darauf abzielt, dass er Einsicht zeigt, dass er überfordert ist.

◆ Der Ingenieur kann das Personalauswahlverfahren zum Thema machen.

◆ ...

Auf den Punkt gebracht:

Keine Therapie ohne Diagnose – das gilt auch für die Teamkonflikte. Die Teamleitung muss die Ursachen möglicher Konflikte kennen und erkennen. Aus dem Kennen leitet sich mögliche Vorbeugung ab, aus dem Erkennen konstruktiver Umgang mit Konflikten bis zur Konfliktlösung.

◆ Zahlreiche (potenzielle) Konfliktursachen liegen in der Teamstruktur. Dazu gehören u.a. Leistungsunterschiede, Rangfragen, Wertunterschiede, Verfahrensauffassungen, was sich im Vorfeld bei der richtigen Zusammensetzung von Teams abfangen lässt. Auch strukturelle Organisations- oder Informationsdefizite lassen sich im Umfeld des Teams verbessern.

◆ Weitere Konfliktursachen betreffen Verhaltenskomponenten – Intoleranz, Führungsvakuum oder Führungsfehler gehören dazu. Hier ist die Teamleitung gefragt (bzw. deren Vorgesetzte oder ein externer Berater). Auch Unter- oder Überforderung und externe Beeinflussungsversuche sind Konfliktursachen, die dem gruppeninternen Konfliktmanagement zugänglich sind.

◆ Keinesfalls darf übersehen werden, dass Konflikte meistens keine singuläre kausale Ursache haben, sondern dass ein Ursachennetz zugrunde liegt.

◆ Das Ursachenbündel eines Konflikts zu kennen reicht für das Konfliktmanagement nicht aus. Zur Diagnose gehört die Eskalationsstufe, sie bestimmt letztlich das Vorgehen.

5 Konfliktlösung

Das professionelle Instrumentarium

5.1 Konfliktsituation – Konfliktreaktion

Um nachzuvollziehen, wie Menschen in Konflikten reagieren, bieten sich verschiedene psychologische Modelle an. Konflikte als Phänomen zwischen Menschen beginnen im Kopf – und zwar auf der emotionalen oder affektiven Ebene – kommen aber zwangsläufig beim beobachtbaren Verhalten an. Hier ist es hilfreich zu verstehen, wie Fühlen, Denken und Verhalten zusammenhängen. Diese drei Aspekte stehen nicht nebeneinander, sondern in Wechselwirkung miteinander. Um die Reaktion in Konflikten zu verstehen, muss man sich die elementare Erkenntnis vergegenwärtigen, dass ein bestimmtes Verhalten immer nur unter der Voraussetzung bestimmter Gefühlsqualitäten und bestimmter Denkweisen gewählt wird.

Sie können sich dies am einfachsten durch Selbstreflexion veranschaulichen. Wie gehen Sie mit den Verhaltenstipps um, die Ihnen in diesem Buch zum Thema Teammanagement und Konfliktmanagement vorgeschlagen wurden? Wenn Sie die dahinter stehende psychologische Theorie nicht verstehen und/oder Ihnen die Ableitung der Tipps nicht plausibel ist, bleiben Sie skeptisch. Sie werden sie nur dann einsetzen, wenn sie Ihrem Denken, Ihren Überzeugungen nicht widersprechen. Gleichermaßen werden Sie diese Tipps nur dann ausprobieren, wenn Sie ein Gefühl der Sicherheit haben, dass die Konsequenzen positiv für Sie ausfallen werden. Sie werden nur dann das Verhalten in Ihr Gewohnheitsrepertoire aufnehmen, wenn Sie es üben und dies wiederum setzt voraus, dass Sie nach dem ersten Ausprobieren ein gutes Gefühl hatten, dass Sie sich denken, dass es gut wäre, dies in Zukunft wieder zu tun. Unsere Persönlichkeit ist dadurch geprägt, dass wir bestimmte Muster des Zusammenspiels der drei Faktoren Fühlen, Verhalten und Denken ausgebildet haben.

Prägende Faktoren beim Konfliktverhalten

Die Konsequenzen in Bezug auf Ihr Verhalten in Konflikten sind sehr tiefgreifend:

◆ Was Sie über Konflikte im Allgemeinen denken, prägt Ihr Verhalten in Konfliktsituationen.

◆ Angst ist ein Gefühl, das unsere Verhaltensflexibilität einschränkt. Man sollte also lieber an seiner Furcht vor Konflikten arbeiten, als voreilig ein Verhaltensrezept zu studieren, wie man einen Konflikt auf die Schnelle löst.

◆ Worauf sich unser Denken in einer Konfliktsituation fokussiert wird entscheiden, wie wir uns verhalten.

◆ Wie Sie sich in Konfliktsituationen fühlen, entscheidet darüber, welche Verhaltensstrategien Sie zur Lösung wählen.

◆ Ihre vergangenen Erfahrungen im Zusammenhang mit Konflikten prägten, was Sie heute über Konflikte denken, in Konfliktsituationen empfinden und bei der Konfliktbearbeitung für ein Verhalten wählen.

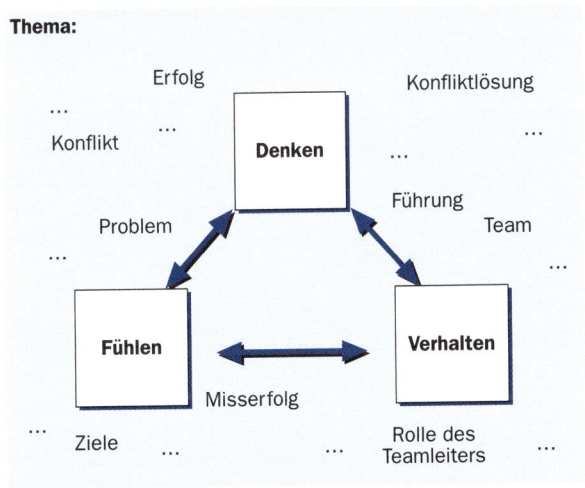

Das Wechselspiel zwischen Thema, Fühlen, Verhalten und Denken

Einstellung und Konfliktverhalten

Wir wollen uns zunächst damit beschäftigen, welche Assoziationen geweckt werden, wenn Sie an Konflikte denken. Das wird Aufschluss darüber geben, ob Sie auf der Ebene der Einstellungen gewappnet sind, Konflikten zu begegnen und sie lösungsorientiert anzugehen. Zum Einstieg biete ich Ihnen folgende Übung an:

Übung

Nehmen Sie sich 3 bis 5 Minuten Zeit. Notieren Sie alle Assoziationen, die Ihnen spontan zum Thema Konflikt einfallen, auf einem Blatt Papier.

Was haben Sie notiert? Sind es ganz unterschiedliche Dinge oder lassen sich Ähnlichkeiten zwischen den Bildern, Assoziationen, Begriffen ausmachen?

Vielleicht ist das Ergebnis Ihres Brainstormings vergleichbar mit dem, das ich in vielen Seminaren erlebt habe: Zahlreiche Teilnehmer nennen vor allem militärische Bilder zur Taktik, Begriffe wie Kampf, Strategie, Angriff, Verteidigung, Rückzug, Niederlage, Verlust, Sieg, Eskalation. Waffen spielten in vielen Fällen eine große Rolle.

Wenn die Mehrzahl Ihrer Assoziationen davon abweicht, dann werten Sie das als gutes Zeichen. Denn die Einstellung prägt unser Verhalten und fragen Sie sich selbst: Wie könnte man denn lösungsorientiert, kooperativ, gemeinschaftlich, konstruktiv zu einer Konfliktlösung gelangen, wenn die entscheidenden Vorstellungen, die man mit Konflikt verbindet, Gewinn und Verlust, Konkurrenz und Destruktion beinhalten? Es ist hilfreich und grundlegend, dass die eigene Einstellung gegenüber Konflikten positiv ist. Unabhängig davon, ob Sie Teamleiter, Teammitglied, Vermittler sind, werden Sie kaum alle verfügbaren Ressourcen aktivieren, wenn Sie nicht glauben, dass Konflikte etwas fundamental Wichtiges, Lebendiges und Energetisierendes haben. Bedenken Sie:

◆ Konflikte im Arbeitsalltag sind nicht völlig vermeidbar.
Konflikte sind häufig durch inidviduelle Faktoren in den beteiligten Personen oder durch äußere Störeinflüsse bedingt, die außerhalb der eigenen Kontrollierbarkeit liegen. Sie sind mit dem menschlichen Leben und dem Arbeitsgeschehen untrennbar verbunden, weil hier Menschen mit unterschiedlichen Wahrnehmungen, Zielen, Stimmungen und Informationen aufeinander treffen.
Konflikt und Konsens, Harmonie und Disharmonie bedingen und ergänzen einander.

◆ Konflikte sind allgegenwärtig.
Konflikte hat es zu allen Zeiten, in jedem Unternehmen und in jedem Team gegeben. Konflikte werden auch weiterhin auftreten. Sie existieren unabhängig von der Wirtschaftsordnung, der Wirtschaftslage oder dem Entwicklungsstand eines Unternehmens. Da Gleiche gilt für Teams. Je größer und schneller Veränderungen sich vollziehen, desto stärker sind die Impulse und Spannungen, denen sich Organisationen ausgesetzt sehen. Diese extern bedingten Spannungen bleiben nicht wirkungslos in einem Team und treten möglicherweise noch zu internen Spannungen hinzu.

◆ Konflikte sind produktiv nutzbar.
Produktiv werden Konflikte dann, wenn kompetent gesteuerte Konfliktprozesse zu Wandel, Lernprozessen, Innovation und (positiver) Anpassung führen.
Konflikte erfüllen dann die folgenden positiven Funktionen:
Sie weisen auf Probleme hin,
sie verlangen nach Umorientierung und Lösung,
sie regen Interesse an,
sie sind der Keim für Veränderung,
sie festigen ein bestehendes Team,
sie ermöglichen Prozesse der Selbsterkenntnis,
sie verhindern Stagnation.

Wie Sie Konfliktsituationen allgemein beurteilen bestimmt, wie Ihre Reaktion darauf ist. Von grundlegender Bedeutung sind innere Bilder und Bewertungen. Der erste Schritt besteht also darin, die inneren Bewertungen, die Sie zum Thema Konflikt haben zu prüfen. Versuchen Sie, eine optimistische Grundhaltung gegenüber Konflikten zu entwickeln. Insbesondere Führungskräfte sollten sich bewusst sein, dass ihre Haltung sich auch auf die Mitarbeiter überträgt. Wer den produktiven Beitrag von Konflikten erkennt, dem wird es leichter fallen, bei Mitarbeitern den Gedanken zu etablieren, dass inhaltliche Auseinandersetzungen als Chance zu einer besseren Zukunft begriffen werden können. Das öffnet völlig neue Perspektiven der Zusammenarbeit.

Grundposition und Konfliktverhalten

Wir haben festgestellt, wie wesentlich die Grundhaltung ist, aus der heraus man agiert. Die Grundhaltung uns selbst und dem Konfliktpartner gegenüber beeinflusst maßgeblich, welches Verhalten man sich selbst erlaubt und wie man dem Anderen im Rahmen der Konfliktlösungsversuche begegnen wird. Die von Eric Berne begründete Transaktionsanalyse hat ein sehr fruchtbares Modell entwickelt, das grob vier Grundpositionen unterscheidet, in denen sich unsere Einstellung zu uns und zum anderen widerspiegelt. Nach diesem Modell zeigt sich in unseren Begegnungen, in welchem Maß ein Mensch andere Menschen und sich selbst als O.K. bzw. nicht O.K. empfindet.

> In der Transaktionsanalyse werden diese O.K.- oder Nicht-O.K.-Gefühle als psychologische Grundpositionen bezeichnet.

O.K. oder nicht O.K. bezieht sich also auf die Selbstwahrnehmung und die Wahrnehmung des Anderen. Nachfolgend sind das ursprüngliche „Ich" und „Du" des Modells auf das „Wir" und „Ihr" erweitert. Das macht deutlich, dass man das Modell auch auf Teams anwenden kann und so eine Aussage zur Haltung des Teams gegenüber anderen Teams machen kann.

Die vier Grunddispositionen der Transaktionsanalyse

Ich bin (Wir sind) O.K. **Du bist (Ihr seid) O.K.**	**Ich bin (Wir sind) O.K.** **Du bist (Ihr seid) nicht O.K.**
Ich bin (Wir sind) nicht O.K. **Du bist (Ihr seid) nicht O.K.**	**Ich bin (Wir sind) nicht O.K.** **Du bist (Ihr seid) O.K.**

Die Grundpositionen in der Transaktionsanalyse

Ich bin O.K. – du bist O.K.

Diese Lebensanschauung ist Menschen eigen, die grundlegend optimistisch sind und Probleme konstruktiv zu lösen versuchen. Es ist eine Haltung, die ein gegenseitiges miteinander auskommen ermöglicht.

Ich bin O.K. – du bist nicht O.K.

Diese Grundeinstellung kennzeichnet Menschen, die stark von sich selbst überzeugt sind und deren Verhalten von Überheblichkeit und Arroganz geprägt sein kann. Sie entfremdet von den Mitmenschen und schafft Distanz.

Ich bin nicht O.K. – du bist O.K.

Dieser Einstellung liegt ein Minderwertigkeitsgefühl zugrunde. Sie schafft ebenfalls Distanz, weil man sich den Mitmenschen entzieht und mangelnden Selbstwert zum Ausdruck bringt.

Ich bin nicht O.K. – du bist nicht O.K.

Diese Grundeinstellung sagt, dass alles sinnlos ist und man sich selber als überflüssig betrachtet. Die Perspektive geht verloren und das Interesse geht vollständig verloren.

Bewertung der Grundhaltungen

Es ist nahe liegend, dass von den verschiedenen Grundpositionen nur die Ich bin O.K./du bist O.K.-Haltung wirklich geeignet ist, Konflikte dauerhaft zu lösen.

Alle übrigen Haltungen bergen zusätzliches Konfliktpotenzial in sich, wenn sie nicht sogar Grund dafür waren, dass Konflikte überhaupt entstanden sind. Bedenken Sie, dass Grundhaltungen immer auch Ausdruck in verbalem und nonverbalem Verhalten finden. Es ist schlechterdings unmöglich, seine Grundhaltung vollständig zu kaschieren.

Eine verbreitete Haltung in Konfliktsituationen ist die Haltung Ich bin O.K. – du bist nicht O.K. Man wählt sie sehr rasch, wenn der Konfliktpartner sich (aus der eigenen Sicht) uneinsichtig und starr gibt.

Seien Sie wach für die Tendenz zu diesem Ich bin O.K./du bist nicht O.K., denn sie sabotiert ein überlegtes und lösungsorientiertes Konfliktverhalten.

Die grundlegende Akzeptanz des Anderen bei gleichzeitiger Meinungsdifferenz ist erfahrungsgemäß schwer zu realisieren, selbst wenn man erst einmal verstandesmäßig zugestimmt hat, dass „an der Sache wirklich was dran ist". Aber jeder professionelle Berater weiß, dass die Strategien und Techniken, die ich Ihnen in den folgenden Kapiteln vorstelle, nur dann effektiv sind, wenn die Haltung dazu stimmt.

Tipps

◆ Sensibilisieren Sie sich für Ihre inneren Bilder und Vorstellungen, mit denen Sie in ein Konfliktgespräch gehen.

◆ Sorgen Sie dafür, dass Sie eine Lösung des Konfliktes grundsätzlich für möglich halten, bevor Sie das Gespräch suchen.

◆ Achten Sie bei Konflikten darauf, dass Ihre Einstellung gegenüber Ihrem Konfliktpartner der O.K./O.K. Position entspricht.

◆ Achten Sie bei Ihrem Konfliktpartner während des Konfliktgesprächs auf Änderungen der Grundhaltung. Verstärken Sie Bemerkungen und Aussagen, die eine O.K./O.K. Position ahnen lassen.

Grundposition des Teams

Ein Teamleiter, der einen Konflikt mit einem Mitarbeiter lösen möchte oder der zwischen Mitarbeitern schlichten will, kann darauf achten, wie er den Konfliktparteien gegenübertritt und sich bemühen, die Ich bin O.K./ du bist O.K.-Haltung beizubehalten. Wie schon angedeutet, lässt sich die Grundhaltung nur bei einer Einzelperson beobachten und beeinflusst deren Verhalten. Auch das Team als Ganzes ist durch seine Grundhaltung anderen Abteilungen oder Gruppen gegenüber charakterisierbar.

Dazu werden Sie eigene Erfahrung in Ihrem Arbeitsumfeld haben und es gibt allgemein eine Reihe typischer Beispiele, die Gruppenhalten verdeutlichen. Schulklassen gehören dazu und denken Sie nur beispielhaft an Fernsehauftritte, in denen Sportteams ihre eigene Leistungsfähigkeit übertrieben hochstilisieren und über ihre Wettkampfgegner wenig wertschätzende Worte verlieren. Die Spannung und das Konfliktpotenzial, das dadurch entsteht, wird in Wettkampfsituationen als Energie genutzt, die in der Auseinandersetzung den erforderlichen Schub gibt und die dabei verbraucht wird.

Zwischen Organisationen im Wettbewerb mag diese beispielhaft vorgestellte Haltung funktionieren. Innerhalb einer Organisation tauchen vorhersehbare Schwierigkeiten auf, wenn Grundhaltungen eines Teams erkennbar werden, die von der Wir sind O.K./ ihr seid O.K.-Haltung abweichen (siehe Übersicht auf der nächsten Seite). Der Teamleiter/die Teamleiterin kann durch sein/ihr Vorbildverhalten entscheidend dazu beitragen, welche Grundhaltung das Team lebt. Der Grad seiner Einflussnahme ist jedoch beschränkt durch die kulturellen Rahmenbedingungen der Gesamtorganisation.

Haltung	Wirkung-
Wir sind O.K. ihr seid nicht O.K.	– Schafft erhöhtes Teamgefühl wegen äußerem Feind. – Erhöhte Leistungsbereitschaft wahrscheinlich. – Verhärtet die Grenzen nach außen – man schafft sich keine Freunde. – Kochen im eigenen Saft.
Wir sind nicht O.K. ihr seid O.K.	– Depressive Grundhaltung im Team. – „Die anderen haben es alle besser." – Geringes Team-Selbstbewusstsein. – Kopieren statt innovieren.
Wir sind nicht O.K. ihr seid nicht O.K.	– Depressive Grundhaltung im Team. – Desinteresse und Abwertung nach außen. – Geringe Leistungsbereitschaft. – Abschotten und Dienst nach Vorschrift.
Wir sind O.K. ihr seid O.K.	– Erhöhtes Teamgefühl möglich. – Akzeptanz nach innen und außen. – Offenheit nach außen.

Grundhaltung des Teams und ihre Wirkung

Hinweise für Aussagen, die bei einer „Ihr seid nicht O.K.-Haltung" im Team typisch sind:

„Wenn die mal endlich lernen würden, …"

„Die kommen ständig mit …"

„Die fallen mir auf die Nerven …"

„Die melden sich jetzt zum dritten Mal wegen …"

„Der Idiot schon wieder …"

„Leg das erst mal zur Seite. Die melden sich schon wieder …"

Zusammehang von Grunddisposition und Teamrolle

Bei der Vorstellung der Teamrollen Abschnitt 1.2 habe ich besonders die Bedeutung gegenseitiger Toleranz und Akzeptanz betont. Die Haltung des beidseitigen O.K. findet dort ihren Ausdruck, weil man die eigene und die anderen Rollen im Team anerkennt.

> Die Grundhaltung des beidseitigen O.K. ist von so zentraler Bedeutung, dass es für einen Teamleiter/eine Teamleiterin zur vorrangigen Aufgabe werden sollte, sie an die eigenen Mitarbeiter zu vermitteln.

Dies, um persönliche Konflikte untereinander zu vermeiden und um Konflikte mit Kunden, anderen Abteilungen, Lieferanten zu verringern. Kommt es zum Konflikt zwischen Mitarbeitern, bei denen der Teamleiter nicht direkt beteiligt ist aber vermitteln muss, bleibt diese Aufgabe ebenfalls vorrangig. Nur, wenn es gelingt dazu zu kommen, dass die Konfliktparteien einander grundsätzlich wertschätzend begegnen, ist eine fruchtbare Auseinandersetzung in der Sache Erfolg versprechend.

Übung

Denken Sie an mehrere Situationen aus der letzten Zeit, in denen Ihr Team über andere Teams/Abteilungen gesprochen hat.

◆ Auf welche Grundhaltung weisen Aussagen oder das Verhalten des Teams hin?
◆ Unterscheidet sich die Grundhaltung, je nachdem ob das Team mit Kunden, mit anderen Abteilungen, mit Lieferanten etc. in Kontakt tritt?
◆ Gibt es auffällige Gemeinsamkeiten?

5.2 Der persönliche Konfliktstil

Jeder Mensch hat einen persönlichen Stil, mit Konflikten umzugehen. Es gibt Personen, deren Konfliktlösungsstil über unterschiedliche Situationen hinweg relativ stabil ist. Bekanntlich sind aber die Konfliktsituationen, denen man ausgesetzt ist, sehr unterschiedlich. Sowohl die Tragweite des Konfliktes als auch die Konstellation der beteiligten Parteien oder die Komplexität des Konfliktes sind entscheidende Rahmenfaktoren, die dazu zwingen, zum Beispiel manchmal aktiver und schneller zu handeln als in anderen Situationen.

Es scheint also sinnvoll zu sein, davon auszugehen, dass der Konfliktstil einer Person von situativen Rahmenbedingungen beeinflusst wird, d.h. dass Menschen sich je nach Konfliktsituation anders verhalten. Auch zeigen einige Menschen ein engeres Repertoire an Verhaltensmöglichkeiten, während andere über ein breiteres Spektrum verfügen.

In diesem Abschnitt erfahren Sie, welche Konfliktstile sich grundsätzlich unterscheiden lassen und sie erhalten ein Instrument, mit dem Sie Ihren eigenen Konfliktstil und in akuten Konfliktsituationen den Stil Ihrer Konfliktpartner einschätzen können. Dies ist vor allem dann für Teamleiter hilfreich, wenn mehrere Teammitglieder in einen Konflikt involviert sind.

Zwei Orientierungsrichtungen im Konflikt

Bei der Lösung von Konflikten geht es den beteiligten Parteien darum, eigene Ziele durchzusetzen, denn wären die vertretenen Ziele identisch, käme es nicht zum Konflikt. Ein Wesensmerkmal des Konfliktes ist also die wahrgenommene Unvereinbarkeit der Ziele. Die Lösung bahnt sich erst an, wenn alle beteiligten Konfliktpartner die Erreichung ihrer Ziele für möglich halten. Dazu ist oft erhebliche Arbeit – auch an den Zielvorstellungen der Konfliktpartner – erforderlich. Ein erstes Unterscheidungsmerkmal im Konfliktverhalten von Menschen besteht darin, wie sehr sie darauf beharren, ihre eigenen Ziele zu erreichen, und wie stringent sie bei der Verfolgung ihrer Ziele vorgehen. Nennen wir diese Dimension Zielorientierung.

Ein anderer wesentlicher Aspekt von Teamkonflikten betrifft die Beziehungen der beteiligten Menschen untereinander. Auch hier zeigen sich Unterschiede im Konfliktverhalten, weil einige stärker als andere daran interessiert sind, Meinungen, Interessen oder Motive der Gegenposition zu verstehen und zu berücksichtigen. Das Ausmaß dieser Ausprägung beschreibt die Dimension Beziehungsorientierung.

Was ist Ihnen im Konfliktfall wichtiger?

Zielorientierung Durchsetzen der eigenen Position	⟷	**Beziehungsorientierung** Aufrechterhaltung der Harmonie

Zwei Orientierungsrichtungen im Konflikt

Die vier Konfliktstile und ihre Wirkung

Berücksichtigt man beide Dimensionen gleichzeitig, kann man einen Raum aufspannen, in dem man vier unterschiedliche Konfliktstile verorten kann, je nachdem, wie stark die Ziel- und Beziehungsorientierung ausgeprägt sind:

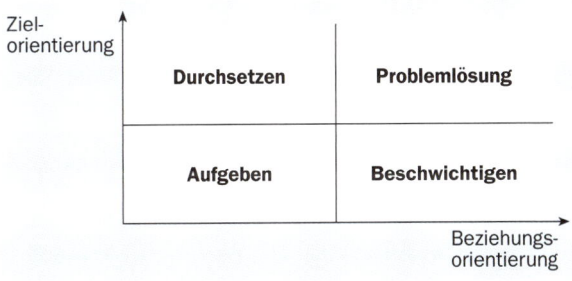

Die vier Konfliktstile

Konfliktstil „Aufgeben"

Kapitulation bedeutet, dass eine Person bewusst die Auseinandersetzung meidet. Hier findet ein Rückzug statt, bei dem eigene Ziele weder aktiv verfochten noch verfolgt werden. Gleichzeitig wird aber auch kein Versuch unternommen, die Beziehung zur anderen Konfliktpartei herzustellen oder zu erhalten („Ich kann das nicht" oder „Es hat eh keinen Zweck").

Konfliktstil „Durchsetzen"

Dieser Konfliktstil ist dadurch gekennzeichnet, dass die Person vorrangig an der Durchsetzung der eigenen Interessen und der eigenen Position interessiert ist. Die Interessen und Bedürfnisse der anderen Konfliktpartei werden kaum beachtet. („Der/die muss doch…").

Konfliktstil „Beschwichtigen"

Dieser Konfliktstil orientiert sich in erster Linie an der guten Beziehung zum Gesprächspartner – mit dem Ziel, Konflikte zu vermeiden. Zur Erhaltung oder Erreichung von Harmonie werden allerdings notfalls auch die eigenen Ziele geopfert und umfassende Zugeständnisse gemacht („Wenn Sie das möchten").

Konfliktstil „Problemlösen"

Beim Problemlösen geht es darum, im Dialog die unterschiedlichen Argumente auszuloten und eine tragfähige Lösung zu erarbeiten. Eigene Ziele werden dabei nicht aus den Augen verloren, der Versuch, eine tragfähige Beziehung zum Konfliktpartner zu halten ebenfalls nicht. Dabei ist auch ein Kompromiss denkbar und akzeptabel, wenn er die Voraussetzung für bessere zukünftige Lösungen bietet. Wir gehen erst später auf die Frage ein (S. 105), ob man diesen Stil bevorzugen sollte

Mit dem anschließenden Fragebogen können Sie Ihren eigenen Konfliktstil erheben. Sensibilisieren Sie vorab noch etwas Ihre Wahrnehmung der einzelnen Stile, indem sie die Fragen der Übung beantworten!

Übung

1. Wenn Sie an Personen aus ihrem Umfeld denken, die den Stil „Beschwichtigen" zeigen, wie viele davon sind Männer, wieviele davon sind Frauen? Gibt es geschlechtstypische Unterschiede zwischen den Konfliktstilen?
2. Überlegen Sie, wie eine Person mit dem Konfliktstil „Durchsetzen" wahrscheinlich auf Personen reagiert, die selber „Durchsetzen" ausüben, die „Beschwichtigen", die „Problemlösen" oder die den Stil „Aufgeben" zeigen.

Fragebogen zur Erhebung des Konfliktstils

Den folgenden Fragebogen können Sie auf verschiedene Art und Weise verwenden, nämlich

1. … um eine vergangene Konfliktsituation daraufhin zu überprüfen, welchen Konfliktlösestil Sie bevorzugt haben. Dazu sollten Sie sich eine Situation aus der Vergangenheit vergegenwärtigen.
2. … um in zukünftigen Konfliktsituationen zu überprüfen, welche Tendenzen bei Ihnen am stärksten ausgeprägt sind. Das Ergebnis kann Ihnen dann Unterstützung bieten, um bewusster zu wählen, wie Sie sich verhalten wollen.
3. …um eine andere Person einzuschätzen – beispielsweise einen Mitarbeiter oder einen Kollegen. Dazu sollten Sie die Person aber gut kennen, damit Sie den Fragebogen aufgrund ihrer Erfahrung sozusagen stellvertretend für diese Person ausfüllen.

Lesen Sie die Aussagen des Fragebogens durch und bewerten Sie jede Aussage.

Vergeben Sie (wie bei den bisherigen Fragebögen)

eine 0, wenn Sie der Aussage überhaupt nicht zustimmen,

eine 1 für eine schwache Zustimmung,

eine 2, für mittlere Zustimmung und

eine 3 für starke Zustimmung.

Meinungen und Aussagen zum Konflikt	Grad der Zustimmung
1. Die gute Zusammenarbeit ist mir wichtiger als das Erreichen meiner persönlichen Ziele.	
2. Ich gehe dem Konflikt bewusst aus dem Weg und beschäftige mich mit anderen Dingen.	
3. Das Anliegen der anderen Person ist mir nicht wichtig. Sie kann und soll für sich selbst sorgen.	
4. Ich betone Positives und die gemeinsame Zukunft, statt Probleme und Vergangenes zu wiederholen.	
5. Im Konfliktfall versuche ich die Situation durch einen Scherz zu entspannen.	
6. Ich denke, dass der Konflikt sich automatisch in einiger Zeit gelöst hat.	
7. Ich arrangiere die Situation oft so, dass die Fakten die Durchsetzung meiner Position ermöglichen.	
8. Ich bin an einer gemeinsamen Lösung interessiert und gebe das stets zu verstehen.	
9. Bevor es zu einer heftigen Auseinandersetzung kommt, verzichte ich lieber auf „meinen Anteil".	

Auswertung:

1. Zählen Sie die Punkte der Fragen zusammen, die neben dem jeweiligen Stil aufgeführt sind.
2. Übertragen Sie die Ergebnisse in Auswertungstabelle und tragen Sie rechts jeweils einen Punkt in das betreffende Kästchen sein. Durch Verbinden erhalten Sie das Profil.

Summe der Punkte = von 1,5,9,13,17
Summe der Punkte = von 2,6,10,14,18
Summe der Punkte = von 3,7,11,15,19
Summe der Punkte = von 4,8,12,16,20

Meinungen und Aussagen zum Konflikt	Grad der Zustimmung
10. Ich meide die Person, mit der ich einen Konflikt habe.	
11. Wenn ich meine Forderung nicht durchsetzen kann, drohe ich Folgen für den Anderen an.	
12. Ich bin bereit, im Konflikt ein Stück entgegenzukommen, gebe meine Position aber nicht vollständig auf.	
13. Im Zweifelsfall kümmere ich mich lieber selbst um Dinge, damit kein Streit entsteht.	
14. Ich verzichte darauf, mein Anliegen weiterzuverfolgen, damit die Situation sich nicht verschärft.	
15. Ich rücke nicht um der Harmonie willen von meiner Position ab.	
16. Ich spreche lieber über ein Problem, als es auszusitzen und auszuschweigen.	
17. Ich bin der Meinung, ich sollte häufiger „Nein" sagen.	
18. Bevor ich einen starken Konflikt riskiere, ändere ich lieber meine Einstellung.	
19. Ich versuche meine Forderung durchzusetzen.	
20. Ich erkenne Spannungen früh und gehe sie bewusst an, wenn ich die Notwendigkeit erkenne.	

				5					10				15
Beschwichtigen													
Aufgeben				5					10				15
Durchsetzen				5					10				15
Problemlösung				5					10				15

Anregungen, wie Konfliktstil, Grundhaltung, Verhalten zusammenhängen und wie Sie den Stil „Problemlösung" umsetzen können, folgen in späteren Abschnitten. Hier sind zunächst Fragen, die Ihnen bei der Auswertung Ihres Profils helfen:

1. Ist das Profil situationsspezifisch oder typisch für Sie?
2. Entspricht Ihr am stärksten ausgeprägter Konfliktstil Ihrer persönlichen Präferenz in der Situation oder im Allgemeinen?
3. Überlegen Sie sich für den am schwächsten ausgeprägten Stil, in welcher Situation er sinnvoll sein könnte?
4. In der folgenden Liste sind die Merkmale des Stils Problemlösung noch einmal zusammenfassend dargestellt. Überlegen Sie, welche Merkmale Sie bereits umsetzen, und welche Sie noch nicht beachtet haben.

Kennzeichen eines lösungsorientierten Konfliktstils

◆ Positives, Erreichtes, gemeinsame Ziele werden betont.
◆ Probleme und bereits geklärte Konflikte werden nicht wieder „aufgekocht".
◆ Das Interesse an einer gemeinsamen Lösung wird im Verhalten und den Äußerungen erkennbar.
◆ Die eigene Position wird vertreten.
◆ Es werden Zugeständnisse eingeräumt, wenn damit ein Kompromiss erreicht und die eigene Position nicht „verraten" wird.
◆ Probleme werden in der Regel rasch erkannt.
◆ Erkannte Probleme werden angegangen. Aussitzen/Abwarten werden nur kurzfristig bewusst eingesetzt, wenn dadurch eine effektive Lösung erreicht werden kann.
◆ Über Probleme wird gesprochen. Einerseits, wenn sie erkannt werden, andererseits, wenn sie an einen herangetragen werden.
◆ Es besteht Flexibilität im Verhalten. Es kommen unterschiedliche Strategien zum Einsatz, wenn es die Konfliktlösung erfordert.

Das Zusammenspiel von Grundposition, Konfliktstil und Situation

Nachdem Sie nun mit Ihrem Konfliktstil vertraut sind, vielleicht sogar erkannt haben, dass es eine von Ihnen besonders präferierte Rolle gibt, wollen wir noch einmal den Bezug zu den Grundpositionen herstellen. Wir haben festgestellt, wie wesentlich die Grundhaltung ist, aus der heraus gehandelt wird. Es verwundert wahrscheinlich nicht, dass Grundposition und Konfliktstil zusammenhängen.

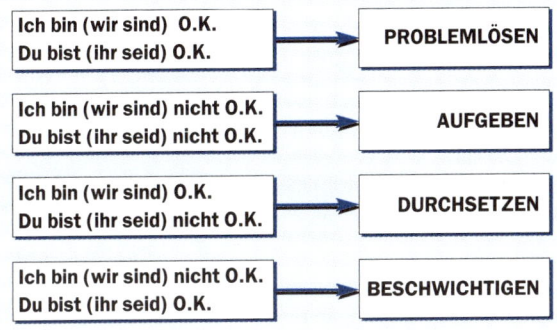

Grundhaltungen und Konfliktlösestil

Grundposition und Konfliktlösestil sind nicht identisch. Kennt man die Grundposition, kann man zwar erwarten, dass ein bestimmter Konfliktlösestil bevorzugt wird. Umgekehrt gilt dies aber nicht. Beobachtet man bei einer anderen Person einen bestimmten Konfliktlösestil, kann man nicht auf die Grundposition schließen!

Auch wenn es nahe liegt, den Konfliktlösestil „Problemlösung" als den überlegenen zu charakterisieren, ist dies nicht unbedingt sinnvoll. Es hängt stark von der Situation ab, welcher Verhaltensstil angemessen ist.

Bei der Einführung der vier Konfliktlösestile wurden bewusst zugespitzte Formulierungen verwendet, um Tendenzen und Unterschiede stärker zu konturieren und um Hilfestellung zu geben, eigene Tendenzen deutlicher zu erkennen. Wenn es allerdings darum geht, allen vier Stilen je nach Situation einen Wert zuzuschreiben, dann ist es notwendig, die Stilbeschreibungen neutraler umzuformulieren.

Konfliktlösestil	Neutrale Verhaltensbeschreibung
Problemlösen	Gemeinsame Lösungssuche
Durchsetzen	Einfordern und vorgeben
Beschwichtigen	Mitmachen
Aufgeben	Es sich entwickeln lassen

Neutrale Beschreibung der Konfliktlösestile

Auf diese Weise gelingt es leichter, die vier verschiedenen Stile wertneutraler zu betrachten und anzuerkennen, dass es Situationen im beruflichen Alltag gibt, die den einen oder anderen Verhaltensstil zweckmäßiger erscheinen lassen.

In Konflikten und mehr noch in allgemeinen beruflichen Situationen ist Flexibilität in Bezug auf die Wahl des Stils konfliktmindernd und häufig konfliktvermeidend.

Übung

1. Suchen Sie für jede der oben dargestellten vier neutralen Verhaltensbeschreibungen berufliche Situationen aus Ihrem Alltag (nicht unbedingt Konfliktsituationen!), in denen Stil zumindest vorübergehend sinnvoll ist.
2. In welchen Konfliktsituationen (Tipp: Eskalationsstufe) ist es kontraproduktiv, gemeinsam nach Lösungen zu suchen?
3. Welche Konfliktsituationen legen es nahe, (zeitweise) „mitzumachen" oder (zeitweise) „laufen zu lassen"?

5.3 Das Gespräch zur Konfliktlösung

Das 6-Phasen-Modell der Gesprächsführung

Wenn die Entscheidung gefallen ist, dass man ein Gespräch mit dem Konfliktpartner führen möchte, dann ist es hilfreich, einen Fahrplan zu haben, der Stationen des Gesprächsverlaufs vorgibt. In diesem Abschnitt werden Sie einen solchen Fahrplan kennen lernen.

> Halten Sie sich aber nicht rigide an das Vorgehen. Die Gefahr, dass Sie zu unflexibel agieren und reagieren, mindert den Wert des Modells sonst rasch.

Berkel (siehe Literaturverzeichnis) schlägt ein sechsstufiges Orientierungsmodell zur Durchführung kooperativer Konfliktgespräche vor. Die Grundzüge lassen sich auf jene Formen der Konflikthandhabe übertragen, in denen

◆ eine Person als Beteiligter wissen möchte, wie sie das Gespräch führen kann, oder
◆ in der ein Außenstehender ein Schema für eine Moderation benötigt.

Das Ziel ist eine gütliche Einigung. Sie werden feststellen, dass das Modell gut geeignet ist, wenn man daran interessiert ist, eine Struktur und konkrete Anregungen zu erhalten, wie man sein Verhalten in kritischen Gesprächssituationen ausrichten sollte.

Gut an dem Modell ist, dass es auch die emotionalen Prozesse, die sich in einem solchen Gespräch abspielen, berücksichtigt und dass Konflikte sowohl innere als auch zwischenmenschliche Anteile haben.

Bedenken Sie, dass viele der Grundannahmen und Grundhaltungen dieses Modells auch gut geeignet sind, die Gesprächskultur im Team untereinander zu verbessern. Als Teamleiter kann man bei der Vermittlung zwischen Konfliktparteien explizit auf sie hinweisen, um so die Übernahme zu erleichtern.

Das Sechs-Phasenmodell des kooperativen Konfliktgesprächs

(nach Berkel)

KONFLIKTLÖSUNG

Phase 6: Persönlich verarbeiten

Phase 5: Vereinbarung treffen

Phase 4: Problem lösen

Phase 3: Offen kommunizieren

Phase 2: Vertrauen bilden

Phase 1: Erregung kontrollieren

AUSGANGSSITUATION

Phase 1: Erregung kontrollieren

Der Konflikt bewirkt eine erhöhte Erregung, die Kräfte zur Überwindung der behindernden Situation mobilisiert. Deshalb setzt auch der Prozess der Konfliktbewältigung in der Person an: Ihre erste Aufgabe ist es, die eigene Erregung unter Kontrolle zu bringen. Nur so besteht die Chance der vernunftgeleiteten Auseinandersetzung.

- Auf die eigenen körperlichen Warnsignale achten,
- Reizworte kennen, die einen leicht auf die Palme bringen,
- Vorwürfe überhören und übergehen,
- sich nicht aus dem Gleichgewicht bringen lassen und
- zwischen der (Verhandlungs-)Rolle des Anderen und seiner Person unterscheiden.

Phase 2: Vertrauen bilden

Jetzt richtet sich der Blick auf den Konfliktpartner. Zu ihr muss eine Beziehung hergestellt werden, die die Grundlage für eine gemeinsame Suche nach der besten Lösung bietet. Die Bereitschaft, sich auf ein solches Vorgehen einzulassen, setzt aber Vertrauen voraus.

- Sich öffnen: eigene Vorstellungen und Empfindungen mitteilen,
- mit realistischen Vorschlägen dem anderen entgegenkommen,
- Chancen, den anderen über den Tisch zu ziehen, bewusst nicht nutzen, aber signalisieren, dass man es hätte tun können und
- sicherstellen, dass die eigenen Motive und Absichten nicht als Täuschung verstanden werden.

Phase 3: Offen kommunizieren

Vertrauen im Prozess der Konfliktbewältigung bedarf der ständigen Vergewisserung. Diese kann durch eine offene Kommunikation zuwege gebracht werden.

- Sorgfältig zuhören und nachfragen,
- sich bisheriger Ergebnisse durch Zusammenfassen vergewissern,
- Details beachten und registrieren (evtl. durch Notizen),
- Psychospiele beim Namen nennen und
- humorvolle Gesten und lockere Bemerkungen einflechten.

Phase 4: Problem lösen

Jetzt ist es sinnvoll, den Inhalt, bzw. das Thema des Konfliktes aufzugreifen. Dies geschieht durch eine gemeinsame Problemlösung.

- ◆ In Tausch und Gegentausch eintreten,
- ◆ das Gesamtpaket das übergeordnete Ziel nicht aus den Augen verlieren,
- ◆ immer wieder Nutzen und Vorteile vorführen, die jede Seite von einer Einigung hat und
- ◆ das Risiko bedenken, wenn es zu keiner Einigung kommt.

Phase 5: Vereinbarungen treffen

Die Lösung, auf die sich die Parteien einigen, muss abgesichert werden, weil sonst das Vertrauen unnötig strapaziert wird. Normen und Regeln erzeugen einen gewissen schützenden Druck. Sie entlasten von der Versuchung, Vertrauen (im Glauben von Berechtigung) zu missbrauchen und zu brechen.

- ◆ Schon kleine Ergebnisse als Erfolg verbuchen,
- ◆ aber auch: sich nicht mit vorschnellen Entscheidungen zufrieden geben,
- ◆ über den eigenen Schatten springen,
- ◆ Vereinbarungen klar und unmissverständlich formulieren,
- ◆ besprechen, wie beide reagieren, wenn das Ergebnis „zu Hause" kritisiert wird.

Phase 6: Persönlich verarbeiten

Der Konflikt ist nun auf der sozialen Ebene beendet. Doch damit ist die durch ihn bei jeder Partei ausgelöste Betroffenheit nicht automatisch aufgelöst. Die auf der zwischenmenschlichen Ebene getroffene Regelung oder Vereinbarung muss auch innerlich von jeder Seite akzeptiert und integriert werden.

- ◆ Sich nach der Decke strecken.
- ◆ das Mögliche vom Gewünschten unterscheiden,
- ◆ Rachegefühle verbannen,
- ◆ mit Enttäuschungen fertig werden und
- ◆ innerlich zur Vereinbarung „ja" sagen.

Auf unser Fallbeispiel (Abschnitt 4.1) bezogen könnte dieser Gesprächsleitfaden einerseits dem Ingenieur dienen, wenn er seinen Vorgesetzten von der Notwendigkeit einer Versetzung des Meisters überzeugen will. Andererseits könnte es dem Moderator dienen, der den Konflikt zwischen dem Ingenieur und dem Meister moderieren möchte.

> Allgemein gibt dieser Gesprächsleitfaden zwar eine erste Orientierung für wichtige Etappen im Gespräch. Es hängt aber vom konkreten Gesprächsverhalten und Verhandlungsgeschick ab, wie das Gespräch sich im Detail entwickelt.

Dazu mehr in den beiden folgenden Abschnitten.

5.4 Kommunikationstechniken im Konfliktgespräch

Wenn es darum geht, im Dialog die Lösung des Konfliktes zu erarbeiten, dann sollte man einige Kommunikationstipps beachten, die sicherstellen, dass ein gemeinsames Ergebnis erreicht werden kann.
Die Dialogsituation kann man mit dem bekannten Sender-Empfänger-Modell gut beschreiben.

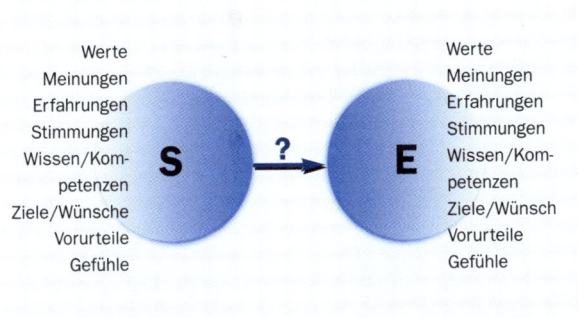

Sender- Empfänger-Modell

Ableitungen aus dem Sender-Empfänger-Modell

So einfach dieses Grundmodell ist, wirft es doch wesentliche Fragen der Kommunikation auf, die bei der Bearbeitung von Konflikten, d.h. in Konfliktgesprächen nicht unbeachtet bleiben können:

1. Im Dialog mit dem Gesprächspartner sendet der eine und der andere empfängt. Die Rollen wechseln im Dialog ständig ab.
   Die Ausgewogenheit der Redeanteile gibt Aufschluss über die Dialogqualität, freilich ohne schon Gründe zu liefern – ein Wenig-Redner kann nichts sagen wollen oder nicht zu Wort kommen. Das führt auf das schon behandelte Thema der Grundpositionen zurück.

2. Was der Sender übermittelt, muss erst vom Empfänger dekodiert werden. In diesem Prozess ist die Gefahr des Missverständnisses grundsätzlich nicht auszuschließen.
   Wie stellt man Missverständnisse fest und wie schließt man sie aus? Eine kurze Antwort darauf wird ebenso wie auf die Fragen der folgenden Punkte 3 bis 5 in den nachfolgenden Abschnitten gegeben.

3. Wie jemand sendet, wird stark von den Eigenschaften des Senders abhängen. Die Sendeeigenschaften beeinflussen den Empfang.
   Worauf kann man achten, damit die gesendete Botschaft möglichst gut ankommt?

4. Wie jemand empfängt und was er empfängt, hängt von den Eigenschaften des Empfängers ab. Dieselbe Sendung kommt bei verschiedenen Empfängern unterschiedlich an. Was kann man beachten, um den eigenen Empfang zu optimieren?

5. Sender und Empfänger sind grundsätzlich voneinander getrennt. Das verursacht schnell die gegenseitige Wahrnehmung, verschieden zu sein. Konfliktlösung sucht aber nach Gemeinsamkeit.
   Was kann man tun, damit Gemeinsamkeit statt Unterschiedlichkeit betont werden?

Wie man Missverständnisse erkennt und wie man ihnen vorbeugt

Es gibt eine ganz einfache Möglichkeit zu überprüfen, ob man einander richtig versteht: Man fragt nach. Seltsam, dass das so selten passiert.

Fragen wirken aber noch weitreichender. Wer fragt, der signalisiert auch Interesse und Gesprächsbereitschaft. Hier einige Tipps, die Sie beachten können:

◆ Fragen Sie lieber einmal mehr oder zur Sicherheit nach, um zu überprüfen ob Sie etwas so verstanden haben, wie es gemeint war.

◆ Stellen Sie Fragen, um die Sichtweise des Anderen zu erkunden. Gehen Sie davon aus, dass der andere aus genau dieser Sicht heraus handelt.

◆ Fragen Sie nach. Erkunden Sie die Details der Sicht des Anderen. Das hilft Ihnen, die eigene Reaktion besser abzustimmen.

◆ Vermeiden Sie Suggestivfragen, in denen Sie die Antwort bereits vorgeben oder Mehrfachfragen, bei denen Sie nicht steuern können, worauf der Andere reagiert.

◆ Wenn Substantive wie Konflikt, Schwierigkeiten, Qualitätsprobleme usw. verwendet werden, stellt Nachfragen sicher, dass Sie die Bedeutung so verstanden haben, wie es der Gesprächspartner meint.

◆ Geizen Sie nicht mit Persönlichem – geben Sie etwas von sich preis. Sich selbst zu öffnen wirkt auf den Gesprächspartner einladend.

◆ Lernen Sie zu schweigen. Warten Sie ab, insbesondere, wenn Sie eine Frage gestellt haben. Vielleicht verpassen Sie sonst die Antwort.

Botschaften senden, die gut ankommen

Fragen stellen, zuhören, auf den Gesprächspartner eingehen, Kompromissbereitschaft signalisieren, all das sind Beispiele für Botschaften, die gut ankommen. Sie werden in diesem Abschnitt dargestellt.

Andere Aspekte haben weniger mit der Sprache oder mit dem Gesprächsverlauf zu tun, sind aber dennoch unbedingt zu erwähnen:

◆ Die Atmosphäre des Gesprächs ist beispielsweise ein entscheidender Faktor, der auch durch Äußerlichkeiten beeinflussbar ist. Der Zeitpunkt des Gesprächs, der Raum, in dem das Gespräch durchgeführt wird, Unterbrechungen von außen, all das sind Rahmenbedingungen, die den Verlauf des Gesprächs beeinflussen. Insbesondere bei Konfliktgesprächen spielen sie eine moderierende Rolle.

◆ Genauso verhält es sich mit dem nonverbalen Verhalten. Gesten und Mimik kommentieren all das, was man sagt. Künstlichkeit und innere Widersprüchlichkeit spiegeln sich entsprechend in Widersprüchen zwischen dem, was man sagt und dem wie es gesagt wird, wider. Wer stimmig ist, und ehrlich zu dem steht, was er sagt, wirkt überzeugender.

Wie man den eigenen Empfang optimieren kann

Sender und Empfänger wechseln ständig im Dialog. Ist man selber in der Rolle des Empfängers, wird die Fähigkeit zuzuhören besonders wichtig. Hier einige Tipps, die Sie beachten können.

◆ Bemühen Sie sich, bewusst zuzuhören. Das heißt, dass man sich konzentriert und nicht sofort daran denkt, selber wieder zu sprechen.

◆ Bemühen Sie sich, den Gesprächspartner aussprechen zu lassen. Darauf achten Menschen sehr sensibel.

◆ Kontrollieren Sie Ihre eigenen Reaktionen. Bemühen Sie sich, ruhig zu bleiben, insbesondere bei Angriffen und Provokationen.

◆ Reagieren Sie nicht sofort mit Bewertungen oder Abwertungen dessen was der andere soeben gesagt hat.

◆ Üben Sie, Provokationen und Sticheleien bewusst überhören zu können, um selber die Gesprächsatmosphäre zu entspannen.

- Ziehen Sie keine vorschnellen Schlüsse. Warten Sie erst ab und fragen Sie sicherheitshalber noch einmal nach.
- Seien Sie nicht zu erwartungsvoll. Gehen Sie offen und optimistisch in den Dialog.

Was man tun kann, damit Gemeinsamkeiten statt Unterschiede betont werden

Unterschiede trennen, Gemeinsamkeiten verbinden. Wenn man einen Konflikt lösungsorientiert angehen will, dann sollte man diesen Grundgedanken verinnerlichen. Folgende Strategien können Sie anwenden:

- Entschleunigen Sie den Kommunikationsprozess. Ruhe durch Zuhören, Pausen, Schweigen, Nachfragen, ausreden lassen erhöhen die Wahrscheinlichkeit der Deeskalation in schwierigen Situationen.
- Bemerken Sie positiv, wenn sich etwas in Richtung auf eine gemeinsame Lösung zubewegt. Sprechen Sie es an und loben Sie.
- Verlieren Sie Ihr Ziel nicht aus den Augen. Deeskalation und Lösung bestimmen die Wahl Ihrer Reaktionen. Wenn man nicht vorankommt, der Konfliktpartner sich starr zeigt, braucht es dazu viel Disziplin.
- Üben Sie sich daran loszulassen statt zu wollen. Die gemeinsame Konfliktlösung erfolgt viel leichter, wenn man nicht stur und von vorneherein seine Ziele durchsetzen will.
- Vermeiden Sie Pedanterie, den anderen auf Gesagtes oder genaue Definitionen festzunageln, ihn zu korrigieren. Das verschärft die Situation.
- Vereinbaren Sie gegebenenfalls Redezeiten. Dadurch stellen Sie sicher. Dass jeder Gerechtigkeit in Bezug auf die verfügbare Zeit erlebt.

In Abschnitt 4.2/Tabelle auf Seite 75 wurden die Eskalationsstufen vorgestellt, in denen sich ein Konflikt entwickeln kann. Nachfolgend finden Sie Warnsignale zum Konfliktgespräch, auf die Sie deeskalierend reagieren müssen!

Vorsicht Eskalation!

Das Konfliktgespräch soll einen Konflikt lösen helfen.
Damit es „nicht nach hinten losgeht", beachten Sie die
Warnsignale einer Eskalation.
1. Vermeiden Sie selbst die im Folgenden genannten
   Verhaltensmuster und
2. lassen Sie sich nicht durch Ihren Gesprächspartner
   mit einem solchen Verhaltsnsmuster provozieren!

Verallgemeinerungen und Vereinfachungen

„Du machst immer…"/„Sie machen immer…"/
„Du hast ja nie…",/„Sie haben ja nie…",
„Du wirst noch alle…" / „Sie werden noch alle…"

All das sind Beispiele für Verallgemeinerungen und Vereinfa-
chungen. Solche Aussagen zwingen den Gesprächspartner in
eine Verteidigungshaltung, in der er/sie die Verallgemeinerung
korrigieren möchte.

Verzerrungen

Verzerrte Darstellungen aus Unwissenheit können schnell ver-
sehentlich passieren. So etwas lässt sich bei „richtiger" Kommunikation (nachfragen, klären) schnell ausräumen.
Hier sind andere Formen gemeint. Solche, bei denen der Sprecher bewusst pointiert stichelnd einseitig etwas darstellt, um eine Reaktion zu provozieren. Man neigt schnell zu diesem Verhalten, wenn man merkt, dass der andere schwer aus der
Reserve zu locken ist.

Drohen

Die Gefahr, Drohung als potenzielle Reaktion zu wählen, steigt, wenn man qua Funktion die Möglichkeit dazu hat oder wenn man sich auf gleicher Ebene befindet. Drohungen lösen unmittelbare Verhärtungen der Positionen aus. Das kann nur im Ausnahmefall auf den höchsten Eskalationsstufen, und wenn man Macht hat, notwendig werden.

Herabsetzen und Lächerlich machen

Argumente des Konfliktpartners nicht ernst nehmen, seine Aussagen als *„Quatsch…"*, *„Gibt's nicht…"* o.Ä. herabzusetzen oder gar zu verlachen, muss dem anderen zeigen, dass er nicht ernst genommen wird. Das erzeugt Frustration und verschlimmert die Situation.

Vorwürfe

Es wird kaum notwendig sein, besonders zu begründen, dass Vorwürfe ausgezeichnet geeignet sind, Konflikte zu verschärfen. Vorwürfe reizen zu Gegenvorwürfen. Sie schreiben dem Anderen Schuld zu. Der Sender geht schuldfrei aus. Das kann keine akzeptable Gesprächsgrundlage sein.

Psychologisieren

„Sie machen das bestimmt, weil…", *„ Ich kann verstehen, in Ihrer Situation muss man ja…"* Solche Formulierungen setzen voraus, dass der Sprecher den Anderen kennt. Sie hinterfragen nicht, sondern behaupten etwas. In Konflikten erhöhen sie das Spannungspotenzial. Selbst wenn so geäußerte Vermutungen richtig sind, werden sie kaum bestätigt.

5.5 Verhandlungsgeschick als Lösungskompetenz

Das Zusammenspiel der unterschiedlichen Lösungskompetenzen

In den vorangegangenen Kapiteln und Abschnitten haben Sie zahlreiche Werkzeuge kennen gelernt, die Ihnen helfen, Teams besser zu verstehen, Konflikte zu durchleuchten und zu lösen. In diesem Abschnitt wird ein weiteres und für dieses Buch letztes Werkzeug – Verhandlungskompetenz – vorgestellt werden, das Ihren Werkzeugkoffer vervollständigt. Alle in diesem Buch besprochenen Themen greifen ineinander. So führen Schwächen bei der Konfliktanalyse zwangsläufig zu Einschränkungen bei der Konfliktbearbeitung.

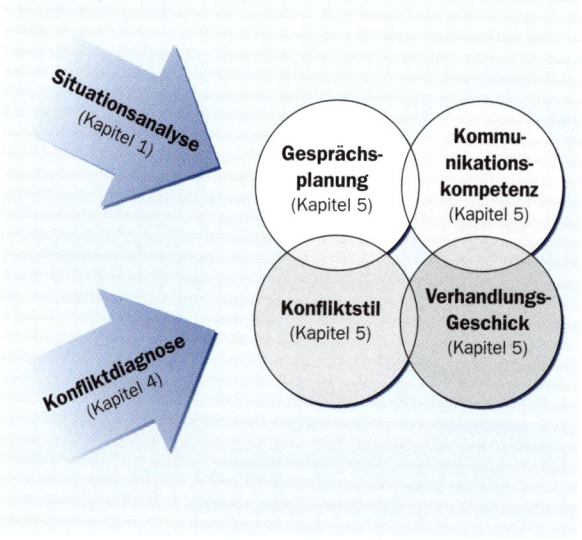

Werkzeugkasten der Konfliktbearbeitung

Der Einsatz aller Werkzeuge muss geübt werden, damit diese Zusammenhänge verstanden werden und damit Sie auch Ihre Intuition ausbilden, zu erkennen, wann der rechte Zeitpunkt für den Einsatz bestimmter Techniken ist, ferner damit Sie merken, wieviel Aufmerksamkeit jedes dieser Werkzeug im Einzelfall erfordert.

> Verhandlungsgeschick ist eine Kompetenz, die unverzichtbar ist, da es bei der Lösung von Konflikten um das Aushandeln verschiedener Standpunkte geht.

Insofern rundet dieser Abschnitt das Vorausgegangene ab.

Verhandlungsstrategien

Auf Seite 100 haben Sie den Konfliktstil „Problemlösung" kennen gelernt und erfahren, woran man ihn erkennt. Dieser Stil ist der flexibelste. Der Gesprächsleitfaden und die Kommunikationstechniken aus diesem Kapitel werden nun um einige übergeordnete Strategien ergänzt. Konkret sind es 14 Teilstrategien, die sie einsetzen können, um sich lösungsorientiert und konstruktiv in Konflikten zu verhalten.
Die Strategien im Überblick:

- ◆ Beharrlich in den Zielen und flexibel in der Strategie
- ◆ Respekt gegenüber dem Konfliktpartner
- ◆ Machtkämpfe zahlen sich nicht aus
- ◆ Die Position des Konfliktpartners einnehmen
- ◆ Argumente und Personen geistig trennen
- ◆ Das Terrain erkunden
- ◆ Langfristige Folgen bedenken
- ◆ Vorbereitung zahlt sich aus
- ◆ Ein gutes Modell für den Anderen sein
- ◆ Objektive Kriterien zur Ergebnisbeurteilung finden
- ◆ Gemeinsame Interessen herausarbeiten
- ◆ Bessere Lösungen durch mehr Alternativen
- ◆ Argumente sukzessiv vorbringen
- ◆ Realistische Ziele anstreben

Seien Sie beharrlich, aber flexibel!

Die Forderung klingt im ersten Moment widersprüchlich. Der Widerspruch lässt sich aber auflösen:

> Beharrlichkeit bezieht sich auf die Ziele, die man verfolgt; Flexibilität bezieht sich auf die Strategie, mit der man die Verfolgung der Ziele anstrebt.

Verlieren Sie Ihr Ziel nicht aus den Augen, aber verändern Sie Ihre Strategie zur Zielerreichung, wenn Sie feststellen, dass Ihr geplantes Vorgehen Sie dem Ziel nicht näher bringt.

In der Praxis kann man gerade das umgekehrte Vorgehen häufiger beobachten: Viele Menschen verändern ihr Ziel unnötigerweise und zeigen sich in ihrer Verhandlungsstrategie starr und unbeweglich.

Behandeln Sie die Konfliktpartner mit Respekt!

Ein einfaches Rezept für eine gute Beziehung zu Verhandlungspartnern ist es, den anderen den Respekt entgegenzubringen, den man selbst erwartet. Gehen Sie davon aus, dass die Konfliktpartner daran interessiert sind, ein positives Ergebnis für sich zu erreichen. Es ist legitim, den individuellen Nutzen zu maximieren. Jeder handelt aus seinem persönlichen Bezugsrahmen und seinen persönlichen Systemzwängen heraus.

> Erst wenn Ihre persönlichen Interessen dadurch auf unakzeptable Weise eingeschränkt werden, sollten Sie dies deutlich zu verstehen geben.

Wenn Sie dem Anderen im Konflikt mit Respekt begegnen, dann erwerben Sie sich das Recht, auch selber mit Respekt behandelt zu werden.

Vermeiden Sie Machtkämpfe!

Machtkämpfe und Kraftproben führen meist nur zu kurzfristigen Siegen. Im Konfliktfall sind sie kontraproduktiv, vor allem auf längere Sicht. Denn kein Verhandlungspartner wird es hinnehmen, wenn er als Verlierer das Spielfeld verlässt. Er wird die nächste sich bietende Gelegenheit ergreifen, sich auf seine Art zu revanchieren.

> Selbst in einer Position absoluter Stärke sollte man Machtkämpfe vermeiden. Versuchen Sie vielmehr auf der Basis sachlicher Argumente und einer überzeugenden geduldigen Argumentation Zustimmung zu erzielen.

So lassen sich Entscheidungen gemeinsam tragen und langfristig konstruktive Beziehungen herstellen.

Versetzen Sie sich in die Position des Konfliktpartners!

Das persönliche Verhandlungsgeschick hängt vielleicht am stärksten davon ab, wie es gelingt, sich in das Denken des Verhandlungspartners zu versetzen.

> Je besser es Ihnen gelingt, die Ziele, Motive, Strategien und Zwänge des Verhandlungspartners zu verstehen, desto besser ist die Ausgangsposition, die eigene Verhandlungsstrategie anzupassen.

Das bedeutet noch nicht, dass man seine eigenen Ziele aufgibt. Kann man sich in die Position des Verhandlungspartners versetzen, dann bedarf es nur noch der nötigen Flexibilität, um seine Strategie auch zu verändern, bis man merkt, dass sie das Erreichen des angestrebten Zieles ermöglicht.

Trennen Sie die Argumente von der Person, die sie vorträgt

Die Grundposition Ich bin O.K./ du bist O.K. legt bereits nahe, die Personen und ihre Argumentationsposition voneinander zu trennen. Ein Grundphänomen jedes Disputes ist es, dass der Mensch mit dem verknüpft wird, was er sagt. Vertritt jemand in einer Konfliktsituation eine gegensätzliche Position, erscheint uns gleichermaßen die Person wie ihre Position konfrontierend. Da liegt es nahe, den Konfliktpartner für uneinsichtig, halsstarrig oder sogar verbohrt zu halten, wenn die Einsicht in die eigenen Argumente nicht unmittelbar erfolgt. Diese Haltung ist denkbar ungünstig, denn sie verhindert eine Problemlösung. Besser ist es hingegen, strikt zwischen der inhaltlichen Position und der persönlichen Beziehung zu unterscheiden. Die Ich bin O.K./du bist O.K.-Haltung legt dagegen Folgendes nahe:

> Ich bemühe mich, den anderen als Menschen zu akzeptieren, ihn wertzuschätzen und auf ihn zuzugehen, unabhängig davon, welche inhaltliche Position er vertritt. Wenn das gelingt, dann legt man den Grundstein zu einer Diskussion, die hart in der Sache sein darf, aber das gegenseitige Verhältnis zum Anderen nicht in Frage stellt.

Erkunden Sie das Terrain!

In die konkrete Verhandlungsphase – das Austarieren der Positionen und Meinungen – wagt sich ein Verhandlungsprofi erst, wenn er in etwa abschätzen kann, wie die Positionen der einzelnen Verhandlungsteilnehmer verortet sind. Professionelles Verhandeln bedeutet also

◆ die eigene Position nicht sofort vollständig offen zu legen,
◆ alle verfügbaren Quellen zu nutzen, um die Verhandlungspositionen der übrigen Teilnehmer abschätzen zu können,
◆ erst die Positionen der Verhandlungspartner anhören, bevor Sie Ihre eigene Position preisgeben und
◆ von einer vagen zu einer mehr konkreten Position zu wechseln, statt sofort eindeutig konkret zu werden.

Der dritte Punkt wird zwangsläufig nicht funktionieren, wenn zwei Profis aufeinandertreffen, die beide diese Regel beherzigen. Entweder wendet man sie „scheibchenweise" an, oder – beim kompletten „Patt" – man legt die Karten auf den Tisch.

Bedenken Sie langfristige Folgen!

Eine Konfliktlösung sollte immer daraufhin bedacht werden, dass es ein Vorher und ein Nachher gibt. Die historische Komponente spielt eine erhebliche Rolle, weil man sich im Team schon vorher begegnet ist und auch in Zukunft wieder gegenübersitzen wird. Selten werden Sie mit einem Konfliktpartner zum ersten Mal zu tun haben. Die Erfahrungen, die Sie mit ihm gesammelt haben, beeinflussen also Ihre aktuelle Reaktion auf ihn. Genauso geht es Ihrem Gegenüber.

> Ein Verhandlungsprofi wird sich deshalb weniger an kurzfristigen Verhandlungserfolgen orientieren, sondern vielmehr an der dauerhaften Zusammenarbeit.

Ein kurzfristiger Kompromiss oder ein kalkulierter Nachteil kann sich mittel- und langfristig als Vorteil erweisen.

Bereiten Sie sich auf Fragen und Gegenargumente vor!

Es ist naiv, vielleicht sogar töricht, ein wichtiges Konfliktgespräch zu führen, ohne sich Gedanken darüber gemacht zu haben, was die beteiligten Konfliktparteien für

◆ Argumente,
◆ Positionen,
◆ Motive/Interessen,
◆ Fragen

in die Gespräche einbringen werden. Auch wenn es kaum möglich sein wird, alle Unwägbarkeiten und Entwicklungen vorherzusehen:

> Es wird Ihnen eine größere Sicherheit und eine gelassenere Verhandlungsführung ermöglichen, wenn Sie sich argumentativ auf Gegenmeinungen und Gegenargumente vorbereiten.

Gehen Sie mit gutem Beispiel voran!

Leben Sie das Verhalten vor, das Sie sich von Ihren Konfliktpartnern wünschen. Zeigen Sie sich kompromissbreit und kooperativ und weisen Sie die Konfliktpartner in der Diskussion auch gegebenenfalls gezielt darauf hin, wo Sie teamorientiert denken, entgegenkommend gehandelt haben, wo sie Zugeständnisse gemacht haben, damit es auch anerkannt wird.

Suchen Sie nach gemeinsamen Kriterien zur Bewertung!

Diskussionen verlaufen sich in der Regel, sobald um gut oder schlecht, richtig oder falsch gerungen wird. Dies sind Bewertungen, die in höchstem Maße subjektiver Einschätzung unterliegen. Was der eine für richtig hält ist dem anderen das Falscheste der Welt.

Das Problem wird aber merkbar kleiner, wenn man, statt sich über solche Werturteile zu streiten, erst einmal aushandelt und festlegt, welche gemeinsamen Kriterien anlegt werden können, um im zu besprechenden Fall Bewertungen in die eine oder andere Richtung vornehmen zu können.

> Sind erst einmal gemeinsame Kriterien entstanden, lässt sich eine Diskussion fruchtbarer führen, weil ein gemeinsam getragener Beurteilungsmaßstab zugrunde liegt.

Finden Sie gemeinsame Interessen!

Gespräche verlaufen erfahrungsgemäß auch dann relativ unproduktiv, wenn unklar ist, welches die Interessen des Konfliktpartners sind. Wenn die Interessen des Anderen stark von den eigenen abweichen, was bei Konflikten die Regel ist, dann kann es kaum zu einer Lösung kommen.

> Aus diesem Grund geht einer inhaltlichen Diskussion idealerweise eine Suchphase voran, in der man exploriert, wo gemeinsame Interessen liegen.

Sind die gemeinsamen Interessen geklärt, dann herrscht Klarheit über das Ziel. Man kann sich dann darauf konzentrieren, den gemeinsamen Weg zu suchen.

Vergrößern Sie die Zahl der verhandelbaren Alternativen!

Ein taktisch geschickter Unterhändler wird stets dafür sorgen, dass die Zahl der zu verhandelnden Unterpunkte groß genug ist, um eine breite Verhandlungsbasis zu schaffen. Auch in Konflikten gilt, dass es Vorteile bietet, der Entwicklung einer breiten Basis von Lösungsalternativen viel Zeit zu widmen.

> Gehen Sie so vor, dass es leichter möglich wird, Lösungen zu entwickeln, bei denen jede Partei Gewinne in einzelnen Punkten erzielen kann.

Hartnäckigkeit in einzelnen Punkten kann so besser ausgeglichen werden. Wenn das Konfliktthema aber per se eingegrenzt ist, sollte man versuchen, dieses in unterschiedlich zu besprechende Unterpunkte aufzuspalten, um die erwähnten Vorteile zu nutzen.

Bringen Sie Ihre Argumente nach und nach vor

Es zeigt sich in Diskussionen immer wieder, dass es ungünstig ist, alle Argumente und Themen auf einmal auf den Tisch zu bringen. Man zündet zu viele Argumente in einem Feuerwerk und die Wirkung verraucht rasch.

> Bewahren Sie also Geduld. Spielen Sie mit dem Faktor Zeit. Widerstehen Sie der Versuchung, alle Argumente und Themen mit einem Mal einzubringen.

Bewahren Sie sich außerdem die stärksten Argumente für den passenden Moment auf – und der ist selten zu Beginn eines Gesprächs.

Setzen Sie sich realistische Ziele!

Auch ein erfahrener Konfliktlöser wird anerkennen, dass nicht jeder beliebige Streit allein durch Verhandlungsgeschick lösbar ist. Die persönliche Zielsetzung muss möglicherweise im Verlauf eines Konfliktgesprächs revidiert werden. Manchmal stellt sich heraus, dass ein vorab als optimal angestrebtes Verhandlungsziel nach Ortung der Lage nicht realistisch ist.

> In einem solchen Fall zeigt sich Professionalität darin, zu erkennen, was unter Berücksichtigung der jeweils aktuellen Bedingungen noch machbar und optimal ist.

Deshalb erweist es sich als hilfreich, vorab eigene Ziele abzustufen um reagieren zu können, wenn es erforderlich ist:

- ◆ Optimales Verhandlungsergebnis,
- ◆ akzeptables Verhandlungsergebnis oder
- ◆ minimales Verhandlungsergebnis.

Je bewusster Ihnen ist, was für Sie in jede der drei Kategorien einzuordnen ist, desto genauer können Sie im Verlauf des Gesprächs innerlich oder offen Zwischenbilanz ziehen, ob Sie sich noch im „grünen Bereich" befinden. Dennoch soll noch einmal davor gewarnt werden Ziele vorschnell aufzugeben, bevor alternative Strategien erprobt wurden.

Stichwortverzeichnis